JTB
の

鉄道
全線
乗りつぶし
ログブック

NISHI-ŌYAMA

NORITSUBUSHI LOG BOOK

TOKYO

乗りつぶし旅の記憶を
地図とデータと日記の
記録〈ログ〉に残そう

JN027169

JTB時刻表編集部・監修

絶対に降りたい駅 100

もっと乗りつぶしを楽しもう！

JTB時刻表編集部が厳選！

日本に鉄道が走り始めてからもう150年、その間約3万の停車場ができては消えていったという。今の駅数はおよそ9000あり、そこから『降りるべき駅』をジャンル別に100駅紹介。鉄道地図を片手に巡ってみたい珠玉の駅ばかりだ。

構成・文◎杉崎行恭
写真◎杉崎行恭
加地一雄（田主丸駅）・杉山淳一（八木山動物公園駅）・品川優人（小和田駅）

降り立てば そこが大パノラマ！

Theme ① ホームが絶景展望台

鉄道の難所に絶景は現れる。
そんな名勝の駅で自然と鉄道のドラマを感じたい。

予讃線
下灘（しもなだ）
海岸段丘上に作られた棒線ホームの無人駅で、伊予灘を一面に見渡せる。日没時は特に素晴らしい。以前青春18きっぷのポスターにもなった絶景駅。

嵯峨野観光鉄道
トロッコ保津峡（とろっこほづきょう）
名勝保津峡の中心にある駅で、ホームの正面に吊橋と保津川下りの様子が楽しめる。明治時代に建設された線路も必見。秋には紅葉の絶景も期待できる。

鹿島線
十二橋（じゅうにきょう）
水郷地帯を走る鹿島線の途中駅。巨大水田のど真ん中に建つ立派な高架駅で、見晴らしだけは掛け値無しによい。コメ好きには嬉しい大景観。

室蘭本線
北舟岡（きたふなおか）
海岸沿いの無人駅。相対式ホームからは有珠山などの展望良し、撮り鉄にも人気がある。

仙山線
山寺（やまでら）
駅の真正面に奥州の名刹、立石寺の岩山がそびえる。駅舎も寺社風の名駅で、紅葉の名所。

鶴見線
海芝浦（うみしばうら）
関係者以外出場不可の終着駅として有名。京浜運河に面したホームは夕景の好展望地となる。

富士急行
河口湖（かわぐちこ）
終着駅のホームの真横にどかんと富士山！ オフシーズンの真冬ほど絶景感が高まる。

信越本線
青海川（おうみがわ）
日本海が眼前に広がる、ホーム横から遊歩道が伸びる。厳冬期の荒天時は真の絶景になる。

篠ノ井線
姨捨（おばすて）
棚田と善光寺平の大展望が有名。スイッチバックや洋館駅舎も必見だ。晴れたらラッキー。

富山地方鉄道上滝線
月岡（つきおか）
立山や剣岳の神々しい峰々が無人駅のホームから展望できる。秋の夕景は特に素晴らしい。

地域の玄関になる駅は美しくあってほしい、
そんな願いが形になった10駅を見てみよう。

人影薄い荒野のホーム、行くだけでも困難な駅で
しっとり侘び寂びを体感したい。

釧網本線
♦川湯温泉 (かわゆおんせん)
道東を代表する美形駅。銘木を使ったログハウス駅舎にレストランも入居、足湯もあるよ。

養老鉄道養老線
♦養老 (ようろう)
瓦屋根にツノ付き窓を乗せたスタイルが只者ではない印象の木造駅舎、周囲は桜の名所。

宗谷本線
♦日進 (にっしん)
名寄盆地の北部にある畑の中、昭和31年に地元から寄付された駅舎は屋内まで砂利敷きだ。

大井川鉄道井川線
♦奥大井湖上 (おくおおいこじょう)
ダム湖に突き出た半島を経由する、大鉄橋の間にある駅。ほとんど展望台のよう。

東北本線
♦白河 (しらかわ)
端正な三角ファサードの木造駅舎は大正生まれ、洋館スタイルの停車場はこうでなくちゃ。

叡山電鉄鞍馬線
♦鞍馬 (くらま)
数寄屋風入母屋造りの品のある終着駅、関西の和風駅舎の代表格、駅前に天狗の像も。

室蘭本線
♦小幌 (こぼろ)
陸路到達不可能で有名な駅、廃止予定だったが、地元自治体の予算で存続。行くなら今。

飯田線
♦田本 (たもと)
そびえ立つコンクリートの絶壁に貼り付けたホーム、周囲は大渓谷でクマが出そう。

日光線
♦日光 (にっこう)
大正天皇の御用邸とともにあった瀟洒な洋館駅舎、中に貴賓室も現存。近年設計者が判明。

木次線
♦出雲横田 (いずもよこた)
神社スタイル駅舎の最高傑作が出雲の山中に、出雲型の大しめ縄も見事。一見の価値あり。

五能線
♦驫木 (とどろき)
ここで降りたら、途方にくれること間違いなしの無人駅。日本海の絶景だけは存分に楽しめる。

飯田線
♦小和田 (こわだ)
佐久間ダムによって消えた集落の駅。ここも山道以外に陸路もなくムードに溢れている。

弥彦線
♦弥彦 (やひこ)
大正6年、越後鉄道が年収入の3倍をかけた寺社風駅舎は、100年後も抜群のインスタ映え。

岩徳線
♦西岩国 (にしいわくに)
旧市街の洋館駅舎は錦帯橋のアーチも巧みにデザイン。モダンな看板建築はいまでも秀逸。

奥羽本線
♦峠 (とうげ)
板谷峠のスイッチバック跡にある駅で普通列車が停車、全体が屋根に覆われる。

伯備線
♦布原 (ぬのはら)
往年のSL撮影ポイントも、今は信号場上がりの無人ホーム、通過列車は多い。

青梅線
♦奥多摩 (おくたま)
昭和19年開通時からの山小屋風駅舎が近年改修されて2Fにカフェも開店。今は登山の起点に。

高松琴平電鉄琴平線
♦滝宮 (たきのみや)
高松郊外にある開業時の姿を残す私鉄らしい小柄な洋館駅舎。近隣は讃岐うどん発祥地だ。

大井川鉄道井川線
♦尾盛 (おもり)
井川線の山中に現れる駅、ダム建設のための駅で現在は陸路で到達は難しい。

日豊本線
♦宗太郎 (そうたろう)
大分・宮崎の県境にある山間の駅、峠越えの難所で構内に泉が湧く。停車列車もきわめて少ない。

Theme ④ スイッチバック愛 ♡

電車を眺める醍醐味を味わう ♡

山あり谷あり都合あり、いろんな理由で列車は前後する。
その大変さが興味深い。

石北本線
遠軽（えんがる）
昔は名寄本線とのY字形駅だった、名寄本線の廃止後は現在のV字形に。木造駅舎も残る。

富山地方鉄道本線
上市（かみいち）
鉄筋駅舎に頭を突っ込む平地形スイッチバック駅。歴史的に複雑な事情でこうなった。

東武鉄道野田線（東武アーバンパークライン）
柏（かしわ）
二つの私鉄が柏駅の東西にあったものをスイッチバックで接続、後に東武が両方とも吸収。

一畑電車北松江線
一畑口（いちばたぐち）
ここもY字分岐駅が一部廃線によってV字駅になった。田んぼの中によき風景を見せる。

箱根登山鉄道
大平台（おおひらだい）
箱根外輪山の勾配にある駅。まさに登山鉄道らしい激坂が前後に展開するアジサイの名所だ。

木次線
出雲坂根（いずもさかね）
中国山地に挑む三段スイッチバックの駅、構内に名水も湧く。クルマでの来訪者も多い。

富士急行
富士山（ふじさん）
山中湖に向いていた路線が、逆方向の河口湖行きに変更となりここでスイッチバックに。

土讃線
坪尻（つぼじり）
秘境駅としても有名な四国山地のスイッチバック。山中の無人駅舎だがスタンプもある。

えちごトキめき鉄道（妙高はねうまライン）
二本木（にほんぎ）
信州から越後にかけての勾配にあり、ホームから電車の動きがよくわかる。木造駅舎あり。

豊肥本線
立野（たての）
阿蘇外輪山を越える九州屈指のスイッチバック駅、2023年には接続する南阿蘇鉄道も復活。

Theme ⑤ 珍構造の特殊事情

違和感にざわざわ楽しめます

この駅、なんか違う。そんな気持ちになる駅をご紹介、
素敵な違和感を楽しもう。

千歳線
平和（へいわ）
広大な操車場を横断する300mもの跨線橋に接続、冬はアスリートの運動場になるという。

京阪電鉄京津線
大谷（おおたに）
40‰の勾配にある、このためベンチの足の長さが左右で異なる、近隣はうなぎ料理の名所。

東武鉄道佐野線
吉水（よしみず）
ホームに到達するためには折れ曲がった跨線橋を、ずんずん行かねばならない。

阪神電鉄本線・武庫川線
武庫川（むこがわ）
尼崎市と西宮市を隔てる武庫川上にホームがある、自由通路も併設、後ろを自転車が通る。

上越線
土合（どあい）
下り線ホームから改札までは、罰ゲームのような462段の大階段を登る。駅舎も超個性的。

山陽電鉄本線
須磨浦公園（すまうらこうえん）
鉄道駅舎からロープウェイが発進する珍風景、山上の回転展望台は大阪湾の展望地。

北越急行ほくほく線
美佐島（みさしま）
高速列車の通過時には風圧対策でホームへの密閉扉が閉まる無人地下駅、すべて遠隔操作。

土讃線
土佐北川（とさきたがわ）
渓谷のトラス橋のなかにホームがある。ここしか駅が置けないほどの難所、その分風景はよい。

静岡鉄道
入江岡（いりえおか）
小型の駅舎が陸橋に接続する「橋下」駅。付近は『ちびまる子ちゃん』の舞台の地だ。

西日本鉄道甘木線
学校前（がっこうまえ）
西鉄支線の幅狭ホームは、「白線の内側」がこれだけ…。コンパクトな駅舎もいい感じ。

不思議なバランス
に心躍る

| Theme ⑥ | 分岐駅の奇妙な路線 |

斬新かつ大胆、
駅はアートの舞台です

| Theme ⑦ | デザイナーズな駅 |

線路の分岐に注目すれば、なんだか面白い駅がある。
そんな風景を愛でてみれば…。

バブルの頃から有名建築家による駅舎が出現、
超モダンな力作を比べてみたい。

富山地方鉄道本線・立山線
◆ **寺田** (てらだ)
Y字形分岐の股に三角ホームがあり、中央に旧信号扱所も現存、木造駅舎は近年改修された。

京阪電鉄京津線・石山坂本線
◆ **浜大津** (はまおおつ)
この駅から路上に解き放たれるでっかい電車、鉄道と軌道の違いがよくわかるターミナル。

常磐線
◆ **日立** (ひたち)
妹島和世によるガラス張りの橋上駅。太平洋展望エリアや空中カフェもあってスタイリッシュ。

中央本線
◆ **竜王** (りゅうおう)
2008年の安藤忠雄によるローカル駅改築は異次元の造形。富士山一望の通路もある。

名古屋鉄道名古屋本線
◆ **西枇杷島** (にしびわじま)
本線と犬山線が分岐する三角線に近い、狭いホームだが通過列車は多く近くを新幹線も通過。

阪急電鉄宝塚線・箕面線
◆ **石橋** (いしばし)
阪急名物三角ホームの典型。ここでは分岐の股に箕面線ののりばが突っ込んでくる面白さ。

東北本線・烏山線
◆ **宝積寺** (ほうしゃくじ)
外観はアルミ、内装の合板縦格子天井が印象的な隈健吾デザインの駅。2008年に改築。

北越急行ほくほく線
◆ **くびき** (くびき)
前衛建築家、毛綱毅曠による驚きの駅舎は1997年の完成。ドーム型駅は一見の価値あり。

四日市あすなろう鉄道内部線・八王子線
◆ **日永** (ひなが)
ナローゲージのかわいい電車がこの駅で二手に分岐。ジオラマのような駅風景が見られる。

高徳線・鳴門線
◆ **池谷** (いけのたに)
昔、たぬきのボスの棲家を壊して駅を置いた。このため構内に狸大明神をまつる二股駅。

上信電鉄
◆ **上州富岡** (じょうしゅうとみおか)
2014年改築の新駅舎は直線屋根の挑戦的デザイン、武井誠+鍋島千恵の設計。

京阪電鉄宇治線
◆ **宇治** (うじ)
特急ラピートを手がけた建築家によるバブルモチーフの駅舎。コンクリートの空間演出が見事。

近鉄橿原線・南大阪線・吉野線
◆ **橿原神宮前** (かしはらじんぐうまえ)
線路幅の違う2路線が接続、合併で大きくなった近鉄の歴史を見るようだ。名駅舎も必見。

瀬戸大橋線・予讃線
◆ **宇多津** (うたづ)
巨大な高架の三角線を形成、そのすべてが宇多津駅構内という、四国の真の玄関はここ。

御殿場線
◆ **足柄** (あしがら)
TOKYO2020の自転車競技開催を機に隈研吾設計で改築、階段状ホールから山岳を展望できる。

牟岐線
◆ **阿南** (あなん)
2003年改築の駅舎はパンチの効いた造形に変身。LEDを開発した企業のある駅だけに革新的。

近鉄京都線・奈良線・橿原線
◆ **大和西大寺** (やまとさいだいじ)
大幹線が合流分岐、無数のポイントが橋上駅から展望できる。史跡のため地下化できず。

伊予鉄道高浜線・大手町線（軌道線）
◆ **大手町** (おおてまち)
ここでは鉄道と軌道の平面交差が見られる。軌道線の電停は『大手町駅前』、鉄道名所だ。

東急電鉄大井町線
◆ **上野毛** (かみのげ)
道路を挟んで丸穴の大屋根を掛ける安藤忠雄の造形が見事。2011年改築。

広島高速交通・アストラムライン
◆ **新白島** (しんはくしま)
地下から地上に出るところに出現した超個性派駅舎、深海の貝殻のようなフォルムは必見。

Theme ⑧ 異形の仰天駅舎	Theme ⑨ あら、不思議	Theme ⑩ なんでもNo.1

目立ってナンボ！
侘び寂び好きな鉄道ファンを驚かす
ド派手な駅舎をご紹介。

駅にあるモノ、近くにあるモノたちを
愛でてみたい、
そんな視点で駅をみると…。

最後に東・西・南・北・高・低などなど、
日本一のある駅を
見比べてみよう。

五能線
◆木造
近隣発掘の遮光器土偶形駅舎。以前は目が光ったが子どもが怖がって中止に。

烏山線
◆烏山
地元歌舞伎の「山あげ祭」を模した駅舎。旧駅舎を懐かしむ声もある。

身延線
◆市川大門
和紙の産地で習字→漢字→中国という連想で中国建築を模した駅舎。

飯田線
◆東栄
地元の祭「花祭」の鬼の舞にちなんだ駅舎はかなりスゴい、でも無人。

福井鉄道
◆ハーモニーホール
ホームの待合室は音楽記号の「♭（フラット）」だとか、1997年開業の新しい駅。

和歌山電鐵
◆貴志
駅長ネコ「たま」で一躍有名になりこのような駅舎に、完成度は高い。

津山線
◆亀甲
「お前なぁ！」と言いたくなるビックリ駅舎でも、面白いからいいか。

宇野線
◆宇野
瀬戸内国際芸術祭で駅舎もこんなに、イタリア人作家の作だとか。

久大本線
◆田主丸
ふるさと創生資金でカッパ形駅舎に改築。なかは河童資料館になっている。

吉都線
◆小林
有機的パターンの外壁がド派手な駅舎はホームの端に、旧駅舎は撤去。

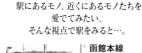

函館本線
◆比羅夫
駅舎が男女別相部屋の旅人宿に。ホームで行うラバーベキューも人気。

弘南鉄道弘南線
◆田んぼアート
水田の稲で絵を描く田んぼアートで有名になった。9〜10月が見頃。

奥羽本線
◆大館
忠犬ハチ公像がここにも。渋谷のハチ公は大館出身の秋田犬が由来。

東武鉄道佐野線
◆阿佐美
駅の下から貴重な遺跡が出てしまった、そこで構内に展示室が二つ。

中央本線
◆高尾
ホームの大天狗像が電車をにらむ。夜はライトアップされ、ちょっと怖い。

小海線
◆海瀬
無人駅の狭いホームをかすめて水力発電所のでっかい導水管が伸びる。

天竜浜名湖鉄道
◆新所原
地元名物のうなぎ屋が天浜線の駅に同居、蒲焼きの匂いが構内に漂う。

阪急電鉄神戸線
◆夙川
ホームに池があり鯉が泳ぐ、昔駅員が作ったもので震災にも耐えた。

西日本鉄道甘木線
◆馬田
トイレに駅名看板を掲げる大胆さ、なぜか立派な駅舎に見えてくる。

甘木鉄道
◆太刀洗
空自のT33練習機が旧駅舎の上に乗っかっている。そのなかはカフェに。

宗谷本線
◆稚内
最北の駅として親しまれる。2011年現駅舎に改築、最果て感は薄れた。

根室本線
◆東根室
日本最東端の駅は寂しき無人駅、ホームだけでかなり殺風景。

松浦鉄道
◆たびら平戸口
普通鉄道最西端は松浦城下の玄関。根室より約1時間30分夜明けが遅い。

指宿枕崎線
◆西大山
普通鉄道最南端の駅、棒線ホームは開聞岳の好展望地。周囲は畑。

ゆいレール
◆那覇空港
2003年開業の日本最西端駅、空港ターミナルの真ん前、改札横に記念碑。

ゆいレール
◆赤嶺
日本最南端駅はマンション街の中、駅前に記念碑はあるが記念入場券なし。

小海線
◆野辺山
標高1345.67mの普通鉄道で最高所の駅。駅舎もコンクリートの造形が面白い。

京葉線ホーム
◆東京
海面下29m、最も低い場所の駅施設、横須賀線地下ホームを避けB4階に。

仙台市営地下鉄東西線
◆八木山動物公園
レール標高136.4m、日本一標高の高い地下鉄駅。ホームに記念の表示がある。

札沼線
◆新十津川
1日1本！日本一列車本数の少ない終着駅。絶望的なダイヤに人気。

※P6の難読駅は、木造（きづくり）・海瀬（かいぜ）・馬田（まだ）・太刀洗（たちあらい）など。

CONTENTS

完全無欠、短絡線も抜けなし。全鉄軌道を完全網羅！

（JR&私鉄全線全駅）

乗りつぶし地図

自分らしい塗り方を楽しもう

塗り方にもアレンジを加えて塗りつぶしを楽しむと、乗車記録として分かりやすく塗りつぶす楽しみも広がる。上り・下りや、車窓の右・左、JR・私鉄など、路線を2色で色分けする塗りつぶしにも挑戦してみよう。また、簡単に塗れるのはマーカー、多くの色を使って塗り分けたいなら色鉛筆と使い分けるとよい。

こだわりポイントは人それぞれ

●**上り・下りの乗車を塗り分ける**
路線の上り列車に乗ったら上りの色、下り列車に乗ったら下りの色と、塗り分ければ上下完欠が確認できる。

●**車窓の左右を塗り分ける**
列車の車窓は左右で大きく異なるもの。乗車した車窓の向きに合わせて色を塗り分けてみるのもおもしろい。

●**複々線・三複線を別々に塗る**
路線の並走区間や、快速路線と各駅停車路線が並走する複々線区間、三複線区間において線ごとに乗車区間を塗り分ける。

●**日没乗車はなし**
車窓の風景を楽しむ人におすすめの、風景を見た区間だけの塗りつぶし。明るい時間に乗車した区間に限定する。

●**特急と普通列車は色を変える**
早く移動できる特急列車と、各駅に停車する普通列車では、同じ路線でも印象が異なるため区別して塗りつぶし。

●**仕事とプライベートで塗り分ける**
仕事で電車移動が多いビジネスマン向け。プライベートと異なるルートの違いも楽しもう。

時刻表
乗車した列車の出発駅と下車駅の時刻を記入し、旅の記録に時間の流れを残す。その日の動きを振り返ることができる。

列車の形式番号
E233系やN700系、キハ40系など乗車した列車の形式番号を記入。車両の運行記録としても記念になる。

感想メモ
車窓の風景を見て、田んぼや畑、針葉樹林などの沿線の様子を感想メモを書き込めば時代の記録になる。

乗車日
乗車日を記入することで、乗りつぶしの経過を記録に残せる。もっともシンプルでベーシックな書き込み。

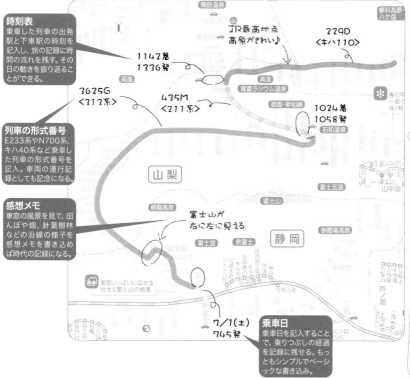

（JR&私鉄 全線全駅）

塗りつぶし

乗りつぶし地図

INDEX

凡例

鉄道線

━━━━━━ …新幹線

━━━━━━ …JR幹線

━━━━━━ …JR地方交通線

━━━━━━ …JR線BRT区間

━━━━━━ …JR以外の鉄道線・モノレール

○━━━━○ …ケーブルカー・ロープウェイ・リフト

東海道本線 …JR線名

道南いさりび鉄道 …JR以外の線名

✕ …JR旅客会社境界

その他

━━━━━━ …都道府県界

東京 …都道府県名

⌒‐‐‐‐⌒ …市内駅の範囲（JR）

宗谷岬 …おもな観光地

▣ …都道府県代表駅

◎ …市の代表（中心）駅

○ …普通駅

㊕ …臨時駅

🚗 …駅レンタカーの営業所のある駅
（一部、季節営業所があります）

✕ …空港

🅝 …海辺の絶景区間

♨ …駅から徒歩5分以内の立寄り温泉

コメント

👁 日本一高い場所（海抜1346m）にある駅 | 日本一

✳ 渓谷美と紅葉が美しい区間 | 紅葉

🌊 紺碧の太平洋を眺めるビューポイントが続く | 海・海辺の絶景区間

🏨 全国でも珍しい温泉併設駅舎 | 駅

🌅 日本海に沈む夕日の絶景区間 | 眺望

✳ 初夏にはラベンダー畑が広がる | 花

✏ 海岸での昆布干しは夏の風物詩 | ウンチクネタ

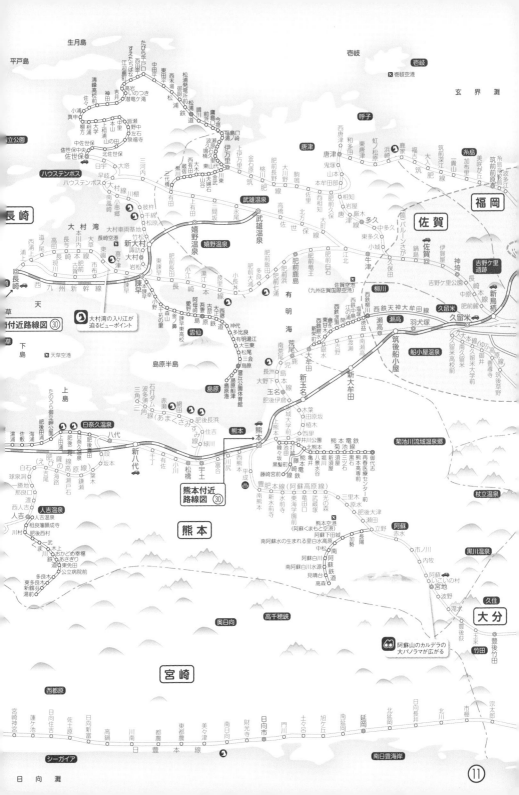

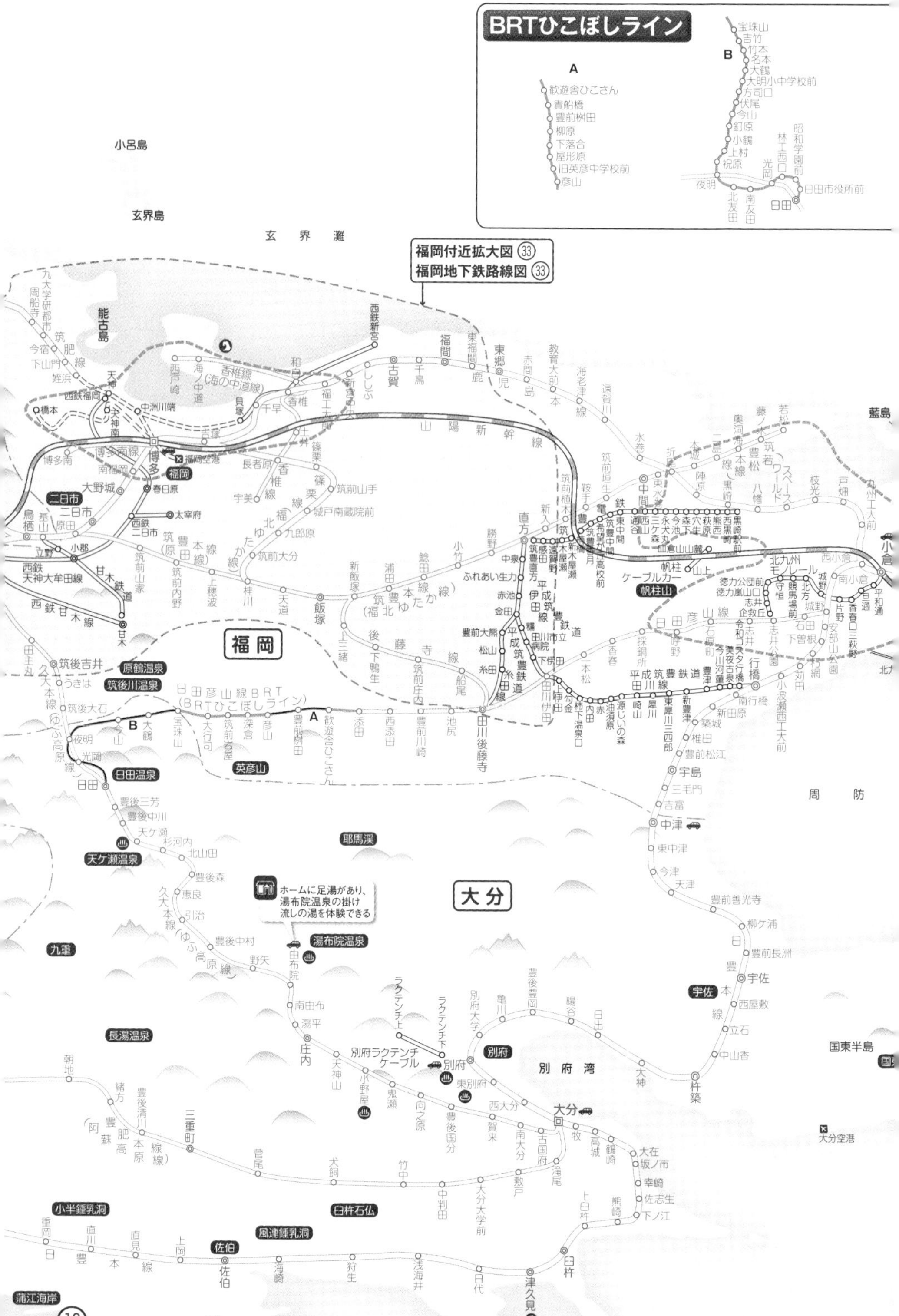
BRTひこぼしライン
A
歓遊舎ひこさん
貴船橋
豊前桝田
柳原
下落合
屋形原
旧英彦中学校前
彦山
B
宝珠山
吉竹
竹本
名本
大鶴
大明小中学校前
方司口
伏尾
今山
釘原
小鶴
上村
祝原
夜明
北友田
南友田
光岡
林工西口
昭和学園前
日田市役所前
日田
小呂島
玄界島
玄界灘
福岡付近拡大図 ㉝
福岡地下鉄路線図 ㉝
能古島
九大学研都市
周船寺
今宿
下山門
姪浜
筑肥線
天神
西鉄福岡
天神南
中洲川端
橋本
博多
博多南
博多南線
南福岡
福岡空港
福岡
大野城
春日原
太宰府
二日市
西鉄二日市
鳥栖
基山
原田
立野
小郡
西鉄
天神大牟田線
甘木鉄道
甘木
西鉄甘木線
香椎線(海の中道線)
西戸崎
海ノ中道
貝塚
千早
香椎
和白
西鉄新宮
新宮中央
ししぶ
古賀
千鳥
福間
東福間
鹿児島本線
東郷
赤間
教育大前
海老津
遠賀川
山陽新幹線
土井
篠栗
長者原
香椎線
宇美
篠栗線
筑前山手
城戸南蔵院前
九郎原
福北ゆたか線
筑前大分
桂川
天道
飯塚
新飯塚
浦田
鯰田
小竹
勝野
新入
直方
筑豊本線(原田線)
筑前山家
筑前内野
上穂波
筑豊本線(福北ゆたか線)
後藤寺線
上三緒
下鴨生
筑前庄内
船尾
田川後藤寺
福岡
水巻
筑前垣生
中間
東水巻
鞍手
筑前植木
筑豊電鉄
新木屋瀬
木屋瀬
遠賀野
感田
筑豊直方
中泉
ふれあい生力
赤池
金田
人見
市場
伊田線
平成筑豊鉄道
田川市立病院
上伊田
下伊田
豊前大熊
松山
糸田
糸田線
田川伊田
勾金
柿下温泉口
内田
赤
油須原
源じいの森
崎山
犀川
東犀川三四郎
新豊津
今川河童
美夜古泉
令和コスタ行橋
行橋
豊津
田川線
一本松
香春
採銅所
呉野
石原町
日田彦山線
志井公園
志井
企救丘
北九州モノレール
守恒
徳力公団前
徳力嵐山口
競馬場前
北方
城野
片野
香春口三萩野
旦過
平和通
小倉
西小倉
南小倉
石田
下曽根
安部山公園
朽網
苅田
小波瀬西工大前
南行橋
新田原
築城
椎田
豊前松江
宇島
三毛門
吉富
中津
東中津
今津
天津
豊前善光寺
柳ケ浦
豊前長洲
宇佐
西屋敷
立石
中山香
杵築
日豊本線
本城
二島
奥洞海
若松
藤ノ木
筑豊本線(若松線)
スペースワールド
八幡
黒崎
陣原
折尾
枝光
戸畑
九州工大前
藍島
帆柱ケーブル
帆柱山
山上
山麓
ケーブルカー
皿倉山
黒崎駅前
西黒崎
熊西
萩原
穴生
森下
今池
永犬丸
三ケ森
西山
通谷
東中間
筑豊中間
希望が丘高校前
筑豊香月
楠橋
田主丸
筑後吉井
うきは
筑後大石
久大本線(ゆふ高原線)
原鶴温泉
筑後川温泉
日田彦山線BRT(BRTひこぼしライン)
夜明
光岡
今山
大鶴
宝珠山
大行司
筑前岩屋
深倉
彦山
豊前桝田
歓遊舎ひこさん
添田
西添田
豊前川崎
池尻
英彦山
日田温泉
日田
豊後三芳
豊後中川
天ケ瀬
杉河内
北山田
天ケ瀬温泉
豊後森
恵良
引治
豊後中村
野矢
由布院
耶馬渓
ホームに足湯があり、湯布院温泉の掛け流しの湯を体験できる
湯布院温泉
大分
周防
九重
南由布
湯平
庄内
天神山
小野屋
鬼瀬
向之原
豊後国分
賀来
南大分
古国府
滝尾
敷戸
大分大学前
中判田
竹中
犬飼
菅尾
三重町
豊肥本線(阿蘇高原線)
豊後清川
緒方
朝地
長湯温泉
ラクテンチ上
ラクテンチ下
別府ラクテンチケーブル
別府
東別府
西大分
別府大学
亀川
豊後豊岡
暘谷
日出
大神
別府湾
高城
鶴崎
大在
坂ノ市
幸崎
佐志生
下ノ江
熊崎
上臼杵
臼杵
国東半島
大分空港
小半鍾乳洞
臼杵石仏
風連鍾乳洞
重岡
直川
直見
上岡
佐伯
海崎
狩生
浅海井
日代
津久見
日豊本線
蒲江海岸

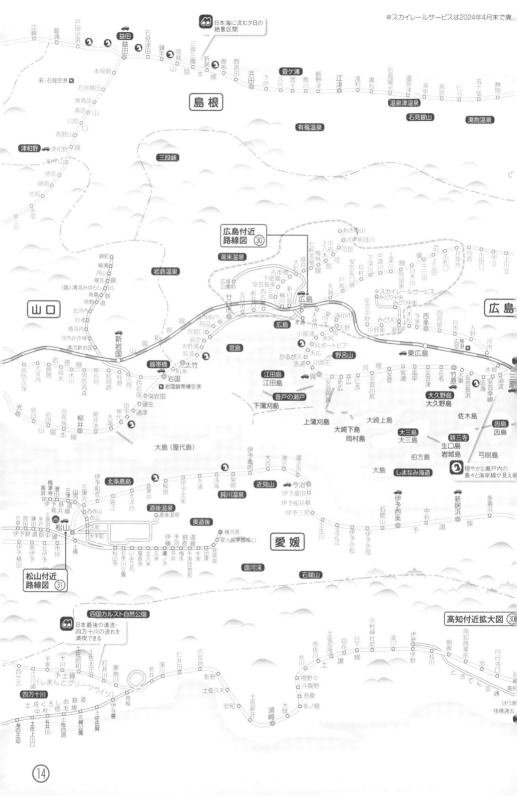

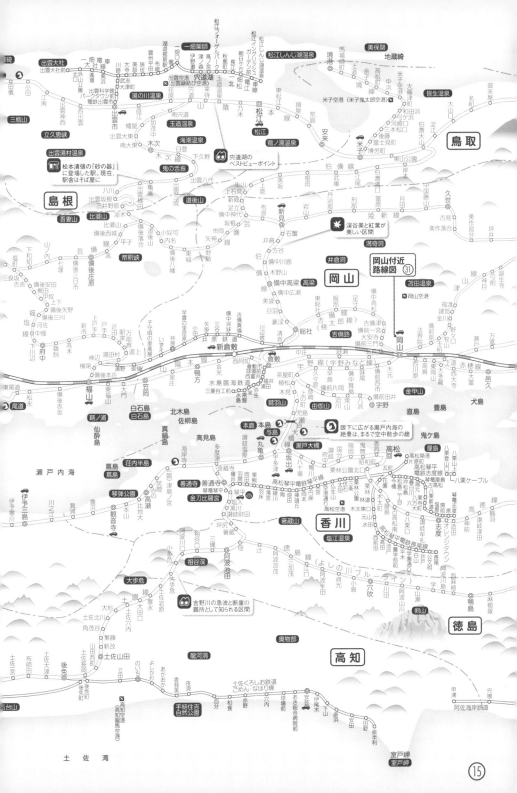

島崎

出雲大社
出雲大社前

一畑電車
北松江線

一畑薬師

湖遊館新駅前
松江フォーゲルパーク
松江イングリッシュガーデン前
朝日ヶ丘 秋鹿町
長江 伊野灘 古江
雲州平田 津ノ森

松江しんじ湖温泉
松江
北松江

美保関

地蔵崎
境港
余子 境
上道

米子空港（米子鬼太郎空港）

皆生温泉

鳥取

三瓶山

田儀 小田 大田市
北大社 高松町
布崎 園 大津
武志 大寺
川跡 美談
出雲科学館パークタウン前
電鉄出雲市

湯の川温泉

西出雲
神西
出雲神西

出雲市
幡屋
出雲大東

玉造温泉

松江

鷺ノ湯温泉

荒島

安来 博労町

和田浜
伯耆大山
東山公園

米子

淀江
大山口
御来屋
名和

大篠津町
三本松口

大山

宍道湖

宍道湖畔
湯町

加茂中
南宍道

海潮温泉

木次
日登 下久野

出雲湯村温泉

松本清張の「砂の器」
に登場した駅。現在、
駅舎はそば屋に

立久恵峡

出雲坂根
三井野原

八川
出雲横田

出雲大東
南大東

鬼の舌振

出雲八代
亀嵩

宍道湖の
ベストビューポイント

伯備線

伯耆溝口
岸本

米子

伯耆大山

法勝寺

久世

古見

美作追分

島根

吾妻山

比婆山

備後落合

道後山

備後西城

油木
小奴可 内名
備後落合
平子

出雲三成

八川

大仙

上石見

新郷
足立

上菅

生山

新見

布原

備中神代

坂根
市岡
矢神

石蟹

井倉
方谷

備後庄原

帝釈峡

比婆山
備後庄原

備後三日市
七塚
備後安田 梶田
備後矢野
塩
河内
道後山

芸備線

塩町

木野山

備中川面

備中神代
広石

溪谷美と紅葉が
美しい区間

井倉洞

満奇洞

岡山

新見

備中高梁 高梁

備中広瀬
美袋

岡山付近
路線図 31

湯郷温泉
岡山空港

苫田温泉

三良坂

吉舎

上下
備後三川

新市

三次

甲立
下和知
七塚

府中
横尾
高木
福塩

下川辺
井原
東城

神辺
湯田村 駅家
近田
備後本庄

新市
御舘

日羽

備中高梁

豪渓

日羽

服部
美袋

備中広瀬

総社

足守
備中高松

吉備線

吉備津
備前一宮
備前三門

岡山

金川
牧山
建部

法界院

東尾道

尾道

松永

備後赤坂

大門
笠岡

福山

備後本庄

新倉敷

倉敷

西阿知
弥生
水島臨海鉄道
三菱自工前
水島
栄

清音

清音
総社

美袋

宇野線（宇野みなと線）

妹尾
早島
茶屋町
植松

中庄

庭瀬
北長瀬

岡山

大元

東岡山

高島

西大寺
上道

瀬戸
万富

熊山

和気

金甲山

赤穂大富

西片上
伊里

邑久

犬島

尾道

白石島
白石島

北木島
佐柳島

真鍋島

高見島

本島 本島

与島

児島

田の口
下津井

鷲羽山

由伽山

眼下に広がる瀬戸内海の
絶景は、まるで空中散歩の趣

直島

豊島

鬼ケ島

屋島

瀬戸内海

伊予三島

蔦島
蔦島

荘内半島

琴弾公園

観音寺

海岸寺

多度津

金蔵寺

善通寺

善通寺

金刀比羅宮

坂出

宇多津

八十場

坂出

鴨川

讃岐府中
端岡

国分

鬼無

高松

香川

栗林公園北口
高松築港
片原町
瓦町
高松琴平電鉄琴平線
栗林公園
栗林

太田
仏生山
空港通り
一宮

高松空港

八栗ケーブル

八栗登山口
八栗
古高松南

屋島

志度
沖松島
八栗新道
塩屋
房前

六万寺
大町

琴電屋島

志度

オレンジタウン

造田

神前

讃岐津田

鶴羽

丹生

高徳線

讃岐白鳥

三本松

讃岐相生

阿波大宮

板野

阿波川端

岡山空港

岡山

金甲山

坂出

綾川
羽床
滝宮
陶
挿頭丘

高松琴平電鉄長尾線

農学部前
平木
白山
井戸
公文明
長尾

阿波大宮

西麻植

麻植塚

鴨島

阿波川島

学

府中

塩江温泉

讃岐財田

箸蔵山

三縄

祖谷渓

阿波池田

佃

辻

阿波加茂

三加茂

江口

（よしの川ブルーライン）

阿波半田

貞光

穴吹

小島

川田

牛島

阿波山川

阿波半田

剣山

徳島

大歩危

小歩危

祖谷渓

吉野川の急流と断崖の
難所として知られる区間

土佐岩原

大杉
大田口

土佐北川
角茂谷
繁藤

豊永

土佐穴内

大歩危

龍河洞

土讃線

土佐山田

後免

土佐長岡

後免
土佐大津

布師田

薊野
高知

高知空港
（高知龍馬空港）

手結住吉
自然公園

土佐大津

のいち
よしかわ
あかおか

土佐くろしお鉄道
ごめん・なはり線

土佐山田

夜須
西分

手結

和食

赤野
穴内

球場前
あき総合病院前

安芸
球場前
矢野木ノ下

安芸

下山

甲浦

阿佐海岸鉄道

室戸岬
室戸岬

土佐宮

土師

伊野

土佐湾

奥物部

高知

⑮

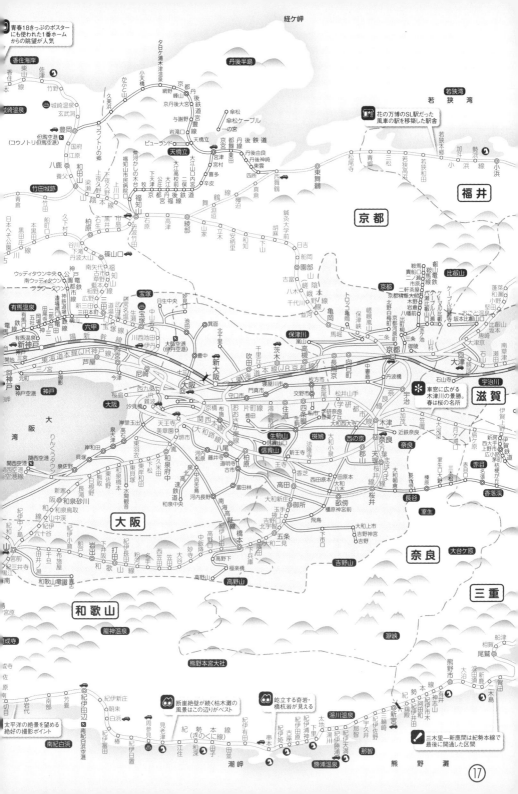

経ケ岬

青春18きっぷのポスターにも使われた1番ホームからの眺望が人気

丹後半島

若狭湾

香住海岸
柴山
佐津
香住
竹野

城崎温泉
玄武洞
豊岡
(コウノトリ但馬空港)

夕日ケ浦木津温泉
小天橋
かぶと山
京都丹後鉄道宮豊線
網野
京丹後大宮
峰山
丹後神野

花の万博のSL駅だった風車の駅を移築した駅舎

若狭湾

若狭本郷
加斗
勢浜

国府
八鹿
養父

但馬空港

傘松ケーブル

京都丹後鉄道宮福線

小浜線
小浜

竹田城跡
青倉
竹田

ビューランド

天橋立

京都丹後鉄道宮舞線

東舞鶴

松尾寺
青郷

三松
若狭高浜

福井

久下村
柏原

篠山口

福知山

綾部

胡麻
安栖里
日吉

京都

滋賀

車窓に広がる木津川の景勝。春は桜の名所

熊野本宮大社

潮岬

熊野灘

太平洋の絶景を望める絶好の撮影ポイント

断崖絶壁が続く枯木灘の風景はこの辺りがベスト

屹立する奇岩・橋杭岩が見える

三木里—新鹿間は紀勢本線で最後に開通した区間

⑰

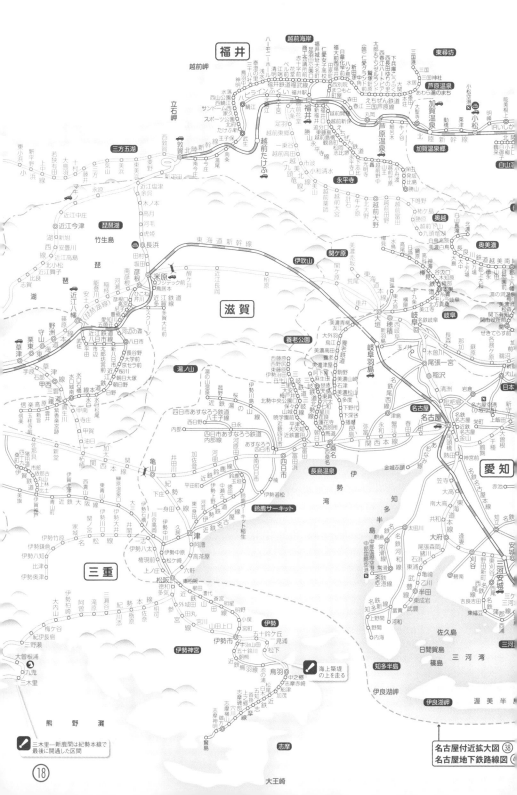

福井

越前海岸
越前岬
ハーモニーホール
八ッ橋
東尋坊

芦原温泉
あわら湯のまち

立石岬
ハピライン
ふくい

福井

北陸新幹線

加賀温泉
小松空港
小松
IRいしかわ

敦賀

越前たけふ

北陸新幹線

白山比咩

三方五湖

永平寺

奥越

琵琶湖

竹生島

長浜

東海道新幹線

伊吹山

関ケ原

奥美濃

岐阜羽島

岐阜

滋賀

米原

彦根

養老公園

尾張一宮

稲沢

湯ノ山

日本

近江鉄道

近江八幡

名古屋

守山
草津

四日市あすなろう鉄道
八王子線

名古屋

愛知

亀山

四日市

長島温泉

伊

勢

湾

知
多
半
島

鈴鹿サーキット

安城

三河安城

津

松阪

刈谷

三重

知多半島

三河

伊勢

佐久島

日間賀島 三河湾
篠島

伊勢神宮

伊勢市

鳥羽

✎ 海上築堤
の上を走る

伊良湖岬

渥美半島

熊 野 灘

✎ 三木里—新鹿間は紀勢本線で
最後に開通した区間

名古屋付近拡大図 ㊳
名古屋地下鉄路線図 ㊵

大王崎

志摩

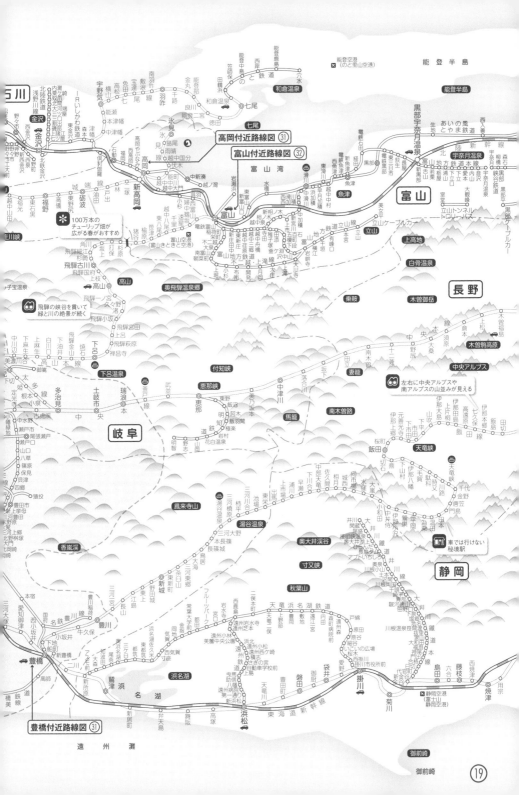

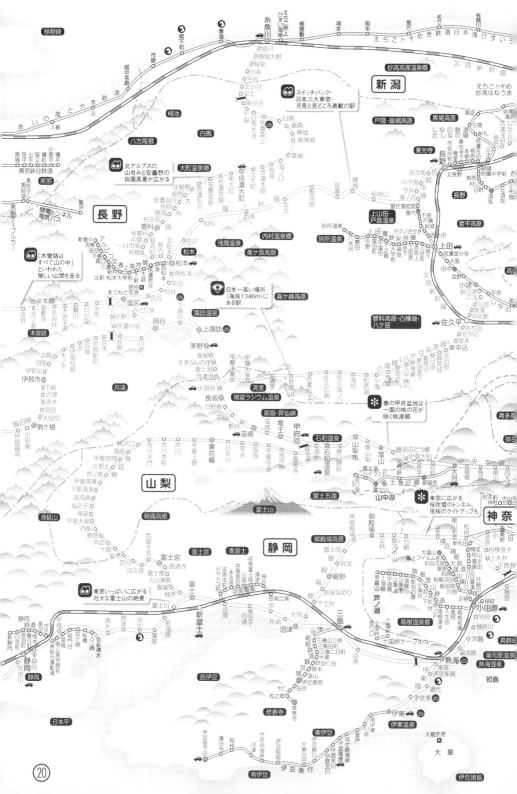

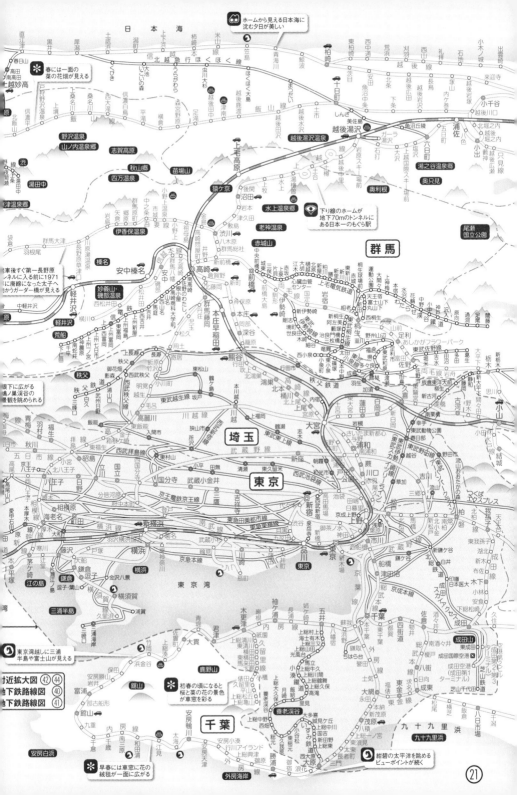

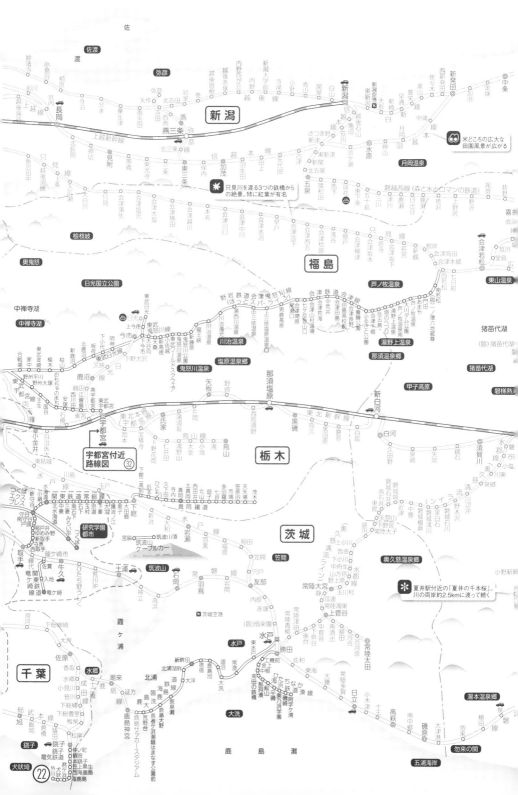

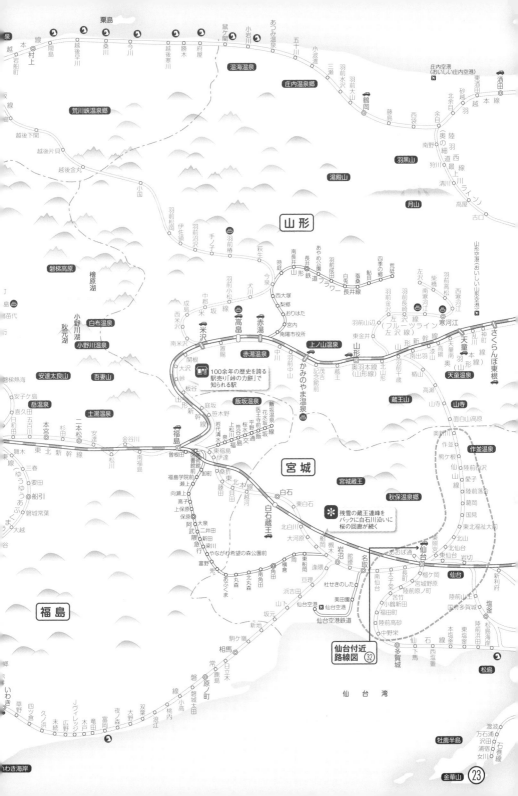

山形

宮城

福島

粟島

越後本線

村上
岩船町
間島
越後早川
桑川
今川
勝木
越後寒川
府屋
鼠ケ関
小岩川
あつみ温泉
五十川
小波渡
三瀬
羽前水沢
羽前大山
藤島
西袋
鶴岡
余目
北余目
砂越
東酒田
酒田

温海温泉
庄内温泉郷
庄内空港
(おいしい庄内空港)

荒川峡温泉郷
越後下関
越後片貝
越後金丸
小国

羽黒山
羽前松岡
伊佐領
手ノ子
萩生
時庭
今泉
南長井
長井
羽前成田
あやめ公園前
鮎貝
四季の郷
荒砥

湯殿山
月山

磐梯高原
檜原湖
白布温泉
小野川温泉
小野川湖
秋元湖

羽前椿
中郡
羽前小松
犬川
成島
西米沢
米沢
高畠
赤湯
南陽市役所
上ノ山温泉
かみのやま温泉
羽前中山
中川
羽前金沢

フラワー
長井線
羽前長崎
羽前金沢
左沢

左沢線(フルーツライン)

柴橋
南寒河江
寒河江
羽前高松
西寒河江
山形空港(おいしい山形空港)

天童

さくらんぼ東根

100余年の歴史を誇る駅売り「峠の力餅」で知られる駅

赤湯温泉

山形
北山形
出羽
高擶
神町
乱川

天童温泉

安達太良山
吾妻山
土湯温泉
飯坂温泉
飯坂温泉
花水坂
医王寺前
平野
瀬上

関根
大沢
板谷
峠
大峠
庭坂
笹木野

左沢線(山形線)
蔵王
茂吉記念館前
蔵王山
面白山高原
山寺
山寺

岳温泉
喜久田
日和田
五百川
本宮
二本松
安達
杉田
松川
金谷川

福島
新幹線

栗子
岩代清水
上松川
岩代中川
福島学院前
卸町
向瀬上

蔵王

作並
熊ケ根
作並温泉
陸前白沢
愛子
葛岡

宮城蔵王
秋保温泉郷

東北新幹線

舞木
三春
要田
船引
磐城常葉
大越

ゆうゆうあぶくま

阿武隈急行

大泉
二井田
瀬上
高子
卸町
保原
大泉
富野
兜
梁川
新田
やながわ希望の森公園前

白石
東白石

白石蔵王
北白川

残雪の蔵王連峰をバックに白石川沿いに桜の回廊が続く

大河原

仙台

北四番丁
あおば通
広瀬通

仙台
東照宮
宮城野原
陸前原ノ町
陸前山王

東北福祉大前
北山
北仙台
東仙台
岩切

新利府
国府多賀城

多賀城

塩釜

富沢
兜
丸森
北角田
南角田
角田
梁川
横倉
東船岡
槻木

東北本線

槻木
岩沼
名取
南仙台
太子堂
長町
南長町
陸前高砂
仙台
宮城野原
陸前原ノ町
苦竹
福田町
宮城野通
中野栄

西塩釜
本塩釜
東塩釜

仙石線

松島

駒ケ嶺
相馬
日立木
原ノ町
磐城太田
小高
桃内
浪江

逢隈
亘理
浜吉田
山下
坂元
新地

杜せきのした
美田園
仙台空港
仙台空港鉄道

陸前山王
多賀城

仙台付近
路線図 ㉜

いわき海岸

いわき
草野
四ツ倉
久ノ浜
末続
広野
木戸
竜田
富岡
夜ノ森
大野
双葉

常磐線
磐城太田

仙 台 湾

牡鹿半島
渡波
万石浦
沢田
浦宿
女川
石巻
石巻線

金華山

㉓

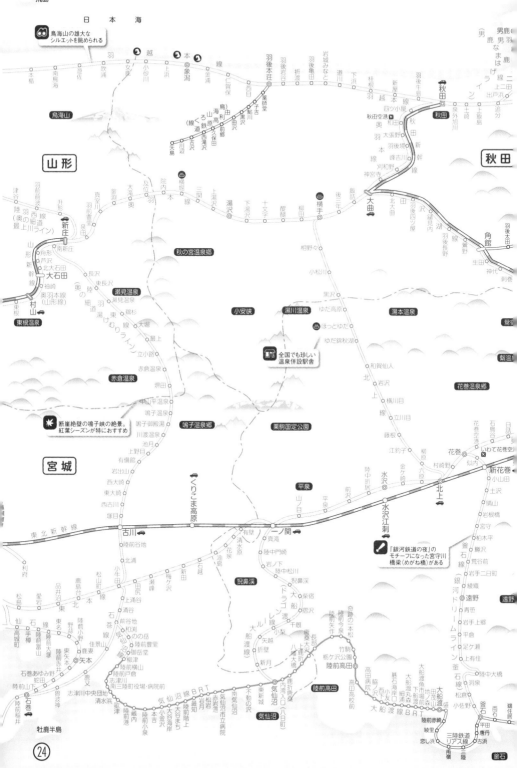

飛島

日本海

鳥海山の雄大な
シルエットを眺められる

山形

秋田

宮城

鳥海山

新庄

大石田

村山

東根温泉

東北新幹線

古川

利府

松島

石巻

牡鹿半島

羽越本線

象潟

羽後本荘

由利高原鉄道
（鳥海山ろく線）

横手

大曲

秋田

角館

羽後亀田

道川

秋田空港

秋の宮温泉郷

瀬見温泉

赤倉温泉

小安峡

湯川温泉

湯本温泉

ほっとゆだ

ゆだ錦秋湖

花巻温泉郷

全国でも珍しい
温泉併設駅舎

鳴子温泉郷

鳴子峡

栗駒国定公園

断崖絶壁の鳴子峡の絶景。
紅葉シーズンが特におすすめ

平泉

水沢江刺

北上

新花巻

いわて花巻空

花巻

「銀河鉄道の夜」の
モチーフになった宮守川
橋梁（めがね橋）がある

遠野

銀河ドリームライン

猊鼻渓

一ノ関

気仙沼

陸前高田

陸前高田

三陸鉄道
リアス線

釜石

④

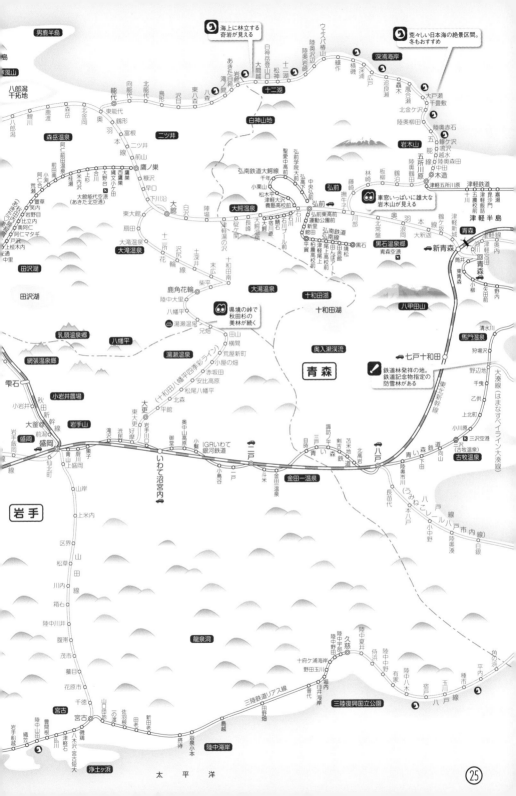

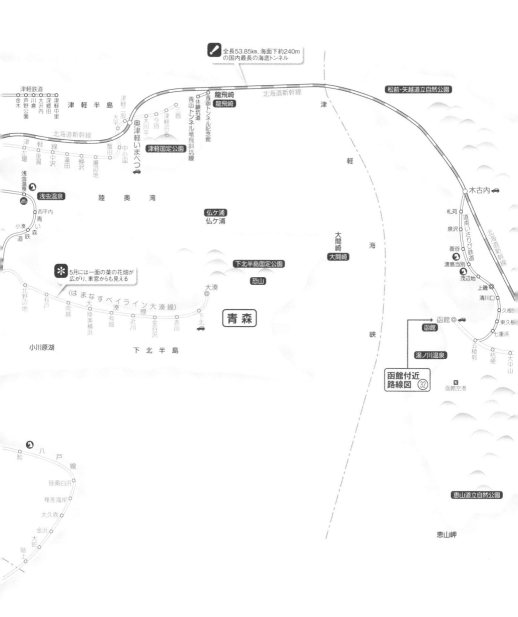

全長53.85km、海面下約240m
の国内最長の海底トンネル

松前・矢越道立自然公園

北海道新幹線

龍飛崎
龍飛崎

津軽鉄道
金木
芦野公園
大沢内
深郷田
津軽中里
津軽飯詰

津軽半島

体験坑道
青函トンネル記念館
青函トンネル竜飛斜坑線

木古内

北海道新幹線

三厩

大平

今別

奥津軽いまべつ

津軽二股

津軽線

津軽浜名

蟹田

津軽国定公園

札苅
道南いさりび鉄道
泉沢

郷沢
蓬田
瀬辺地

小中野

釜谷
渡島当別

津軽五所川原

小泊

北海道前線

上磯
清川口

久根別
東久根別

浅虫温泉

浅虫温泉

陸奥湾

仏ケ浦
仏ケ浦

大間崎
大間崎

西平内

青い森鉄道

大間海峡

海

函館

七重浜

函館

湯ノ川温泉

五稜郭

桔梗

大中山

峡

小湊

北野辺地

5月には一面の菜の花畑が
広がり、車窓からも見える

有戸

吹越

陸奥横浜

近川

金谷沢

赤川

下北半島国定公園

恐山

大湊

下北

青森

函館付近
路線図 32

函館空港

(はまなすベイライン大湊線)

小川原湖

下北半島

八戸線

鮫

陸奥白浜

樺差海岸

大久喜

金浜
大蛇

階上

恵山道立自然公園

恵山岬

日　本　海

石　狩　湾

積丹岬
神威岬
積丹半島
積丹半島

奥尻空港 奥尻島

江差
檜山道立
自然公園

北海道

余市
仁木
函館本線
然別
銀山
小沢
倶知安
比羅夫
二セコ
目名
蘭越
昆布

小樽
南小樽
小樽築港
朝里
朝里川温泉

北海道医療大学
あいの里教育大
あいの里公園
ロイズタウン
当別
石狩太美
石狩当別
北海道医療大学
（学園都市線）

新琴似
太平
百合が原
篠路
拓北
あいの里公園

黒松内
熱郛

函館本線
山崎
八雲
野田生
落部
石倉
森
駒ヶ岳
東森
二股
静狩
長万部※
中ノ沢※
小幌
礼文
大岸
豊浦
洞爺
有珠

列車でしか
行けない究極の
秘境駅のひとつ

羊蹄山

新川
稲積公園
手稲
星置
ほしみ
銭函
張碓
朝里
発寒中央
発寒
琴似
桑園
苗穂
札幌

新札幌
上野幌
北広島
島松
恵み野
恵庭
サッポロビール庭園
長都
千歳
南千歳
新千歳空港

丘珠空港
札幌

札幌付近
路線図 32

月寒
白石
平和
厚別
大麻
野幌
江別
高砂
豊幌

北海道

栗山
由仁
古山
三川
追分
安平
早来
勇払
浜厚真
沼ノ端

石勝線
千歳線
室蘭本線

館北斗
大沼
公園
赤井川
駒ヶ岳
駒ケ岳
大沼
国定公園
鹿部
渡島砂原
掛澗
尾白内
渡島沼尻

伊達紋別
北舟岡
稀府
黄金
崎守
室蘭
本輪西
東室蘭
母恋
御崎
輪西

内浦湾を南に
駒ヶ岳を望む

内浦湾

洞爺湖

洞爺湖温泉郷

定山渓

支笏湖

登別温泉郷

長和
室蘭本線

苫小牧
白老
社台
錦岡
糸井
青葉
沼ノ端
日高本線

鷲別
幌別
富浦
登別
虎杖浜
竹浦
北吉原
萩野

駒ヶ岳が車窓の右に左に
移動するように見える

27

JR線最北端の駅
（北緯45度25分）

日本海を挟んで
利尻富士や
礼文島が見える

一目千本桜と
呼ばれる桜の名所。
小説「塩狩峠」の
舞台でもある

初夏には
ラベンダー畑が広がる

大ヒットした映画
「鉄道員（ぽっぽや）」の
ロケ地となった駅

狩勝トンネル付近の
眺めは日本三大車窓の
ひとつとして知られた

北 海 道

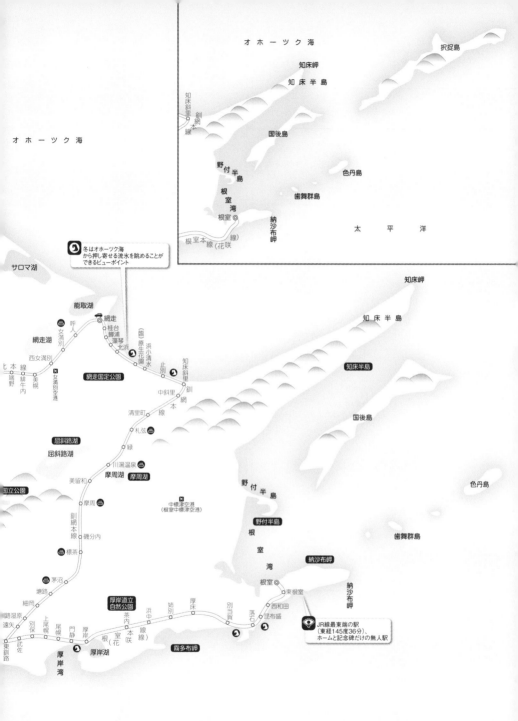

オホーツク海

知床岬

知床半島

択捉島

知床斜里線
釧網

オホーツク海

国後島

サロマ湖

野付半島

色丹島

能取湖

根室湾

歯舞群島

太　平　洋

網走

根室

納沙布岬

桂台
鱒浦
藻琴
北浜

冬はオホーツク海から押し寄せる流氷を眺めることができるビューポイント

根室本線（花咲）

知床岬

呼人

女満別

原生花園

浜小清水

知床半島

網走湖

網走

止別

知床斜里

知床半島

七本線
端野

西女満別

止別

釧
網
本
線

美幌

女満別空港

中斜里

国後島

緋牛内

網走国定公園

清里町

色丹島

屈斜路湖

札弦

緑

歯舞群島

屈斜路湖

川湯温泉

摩周湖

摩周湖

野付半島

立公園

美留和

中標津空港
（根室中標津空港）

野付半島

摩周

根室湾

釧
網
本
線

磯分内

標茶

納沙布岬

茅沼

根室

塘路

納沙布岬

釧路湿原

細岡

遠矢

東釧路

別保

上尾幌

尾幌

門静

厚床

厚岸

厚岸道立自然公園

茶内

浜中

姉別

厚床

別当賀

落石

昆布盛

西和田

東根室

JR線最東端の駅
（東経145度36分）、
ホームと記念碑だけの無人駅

武佐

根室本線（花咲）

厚岸湖

霧多布岬

厚岸湾

太　平　洋

㉙

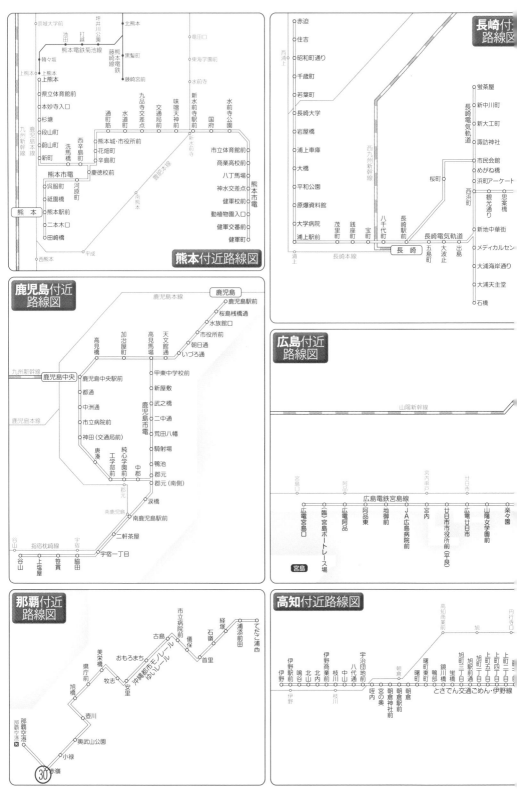

熊本付近路線図

坪井川公園
北熊本
宮城大学前
池田
打越
黒髪町
韓々坂
熊本電鉄菊池線
熊本電鉄藤崎線
藤崎宮前
華園口
東海学園前
上熊本駅
上熊本
水前寺
県立体育館前
本妙寺入口
杉塘
段山町
蔚山町
新町
洗馬橋
西辛島町
花畑町
辛島町
通町筋
九品寺交差点
水道町
熊本城・市役所前
慶徳校前
水前寺駅通
交通局前
国府
味噌天神前
新水前寺駅前
水前寺公園
市立体育館前
商業高校前
八丁馬場
神水交差点
健軍校前
動植物園入口
健軍交番前
健軍町
熊本市電
熊本市電
呉服町
祇園橋
河原町
熊本駅前
二本木口
田崎橋
熊本
九州新幹線
鹿児島本線
豊肥本線
平成
西熊本

鹿児島付近路線図

鹿児島
鹿児島本線
鹿児島駅前
桜島桟橋通
水族館口
市役所前
朝日通
いづろ通
天文館通
高見馬場
加治屋町
高見橋
九州新幹線
鹿児島中央
鹿児島中央駅前
都通
中洲通
市立病院前
神田（交通局前）
唐湊
工学部前
純心学園前
中郡
郡元
郡元（南側）
涙橋
南鹿児島駅前
二軒茶屋
宇宿一丁目
鹿児島市電
鹿児島線
南鹿児島
甲東中学校前
新屋敷
武之橋
二中通
荒田八幡
騎射場
鴨池
谷山
指宿枕崎線
上塩屋
笹貫
脇田

長崎付近路線区

赤迫
住吉
昭和町通り
千歳町
若葉町
長崎大学
岩屋橋
浦上車庫
大橋
平和公園
原爆資料館
大学病院
浦上駅前
西浦上
茂里町
銭座町
宝町
八千代町
長崎駅前
長崎電気軌道
五島町
大波止
出島
桜町
西浜町
浦上
長崎本線
長崎
蛍茶屋
新中川町
新大工町
諏訪神社
市民会館
めがね橋
浜町アーケード
観光通り
思案橋
新地中華街
メディカルセン
大浦海岸通り
大浦天主堂
石橋
長崎電気軌道

広島付近路線図

山陽新幹線
広島電鉄宮島線
広電宮島口
（臨）宮島ボートレース場
広電阿品
阿品東
地御前
JA広島病院前
宮内
廿日市市役所前（平良）
広電廿日市
山陽女学園前
楽々園
宮島口
宮島

那覇付近路線図

市立病院前
経塚
てだこ浦西
古島
石嶺
浦添前田
美栄橋
おもろまち
儀保
首里
県庁前
旭橋
牧志
安里
壺川
奥武山公園
沖縄都市モノレールゆいレール
那覇空港
小禄
赤嶺
30

高知付近路線図

旭
高知商業前
円行寺口
上町五丁目
上町四丁目
上町二丁目
上町一丁目
伊野駅前
伊野
伊野商業前
北山
枝川
八代通
鳴谷
中山
宇治団地前
咥内
朝倉駅前
朝倉神社前
朝倉
朝倉の奥
宮の奥
曙町東町
曙町
鏡川橋
蛍橋
旭町三丁目
旭駅前通
旭町一丁目
とさでん交通ごめん・伊野線

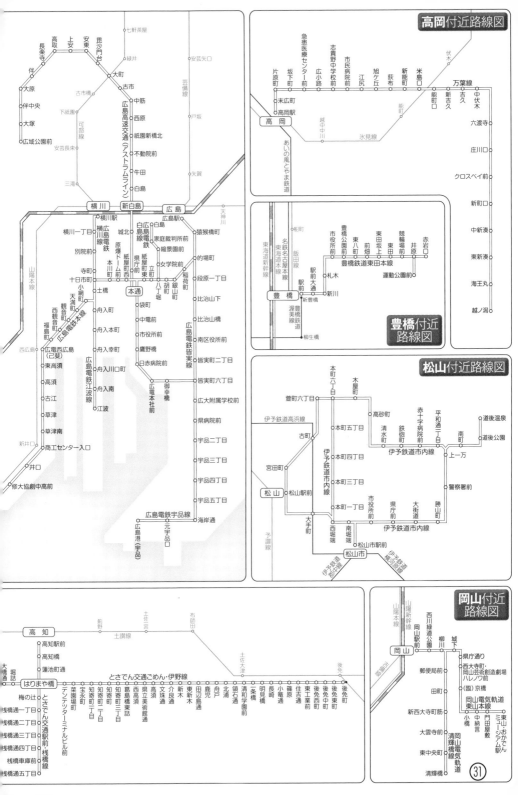

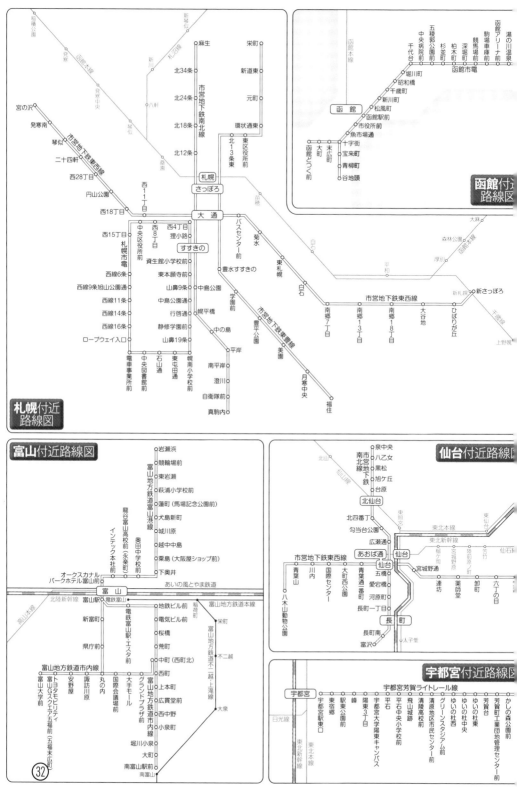

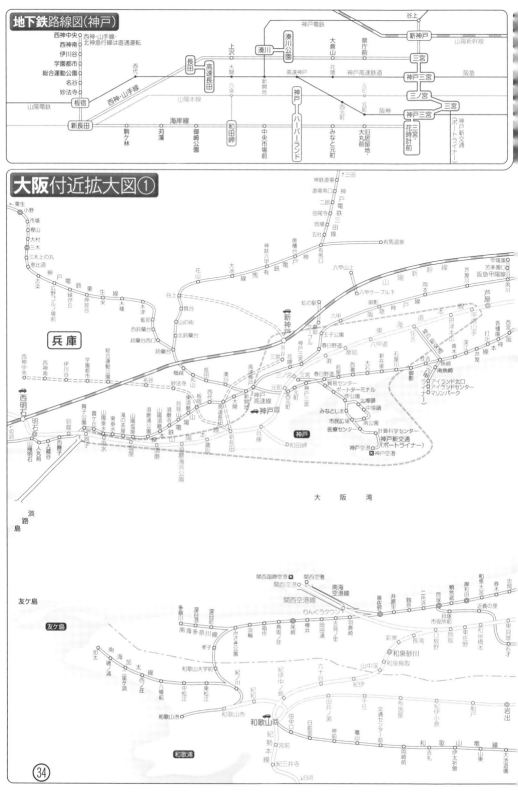

地下鉄路線図(神戸)

西神中央
西神南
伊川谷
学園都市
総合運動公園
名谷
妙法寺
板宿

西神・山手線・
北神急行線は直通運転

西代

西神・山手線

山陽電鉄

新長田

海岸線

駒ケ林　苅藻　御崎公園　和田岬　中央市場前

谷上

神戸電鉄

上沢　湊川

長田　高速長田

大開

湊川公園　大倉山　県庁前

新開地　花隈　神戸高速鉄道

兵庫　高速神戸

神戸
ハーバーランド

西元町

元町

新神戸

山陽新幹線

三宮

神戸三宮

三ノ宮

神戸三宮

花時計前

神戸新交通
(ポートライナー)

阪急

阪神

旧居留地・
大丸前　みなと元町

大阪付近拡大図①

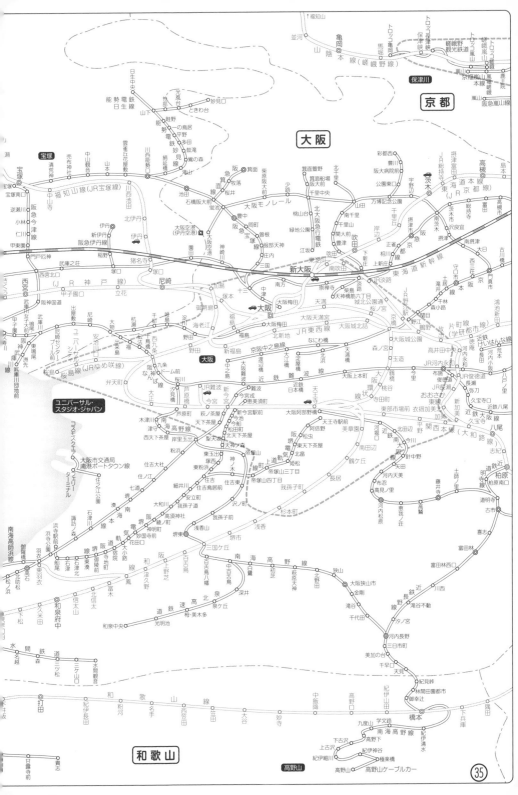

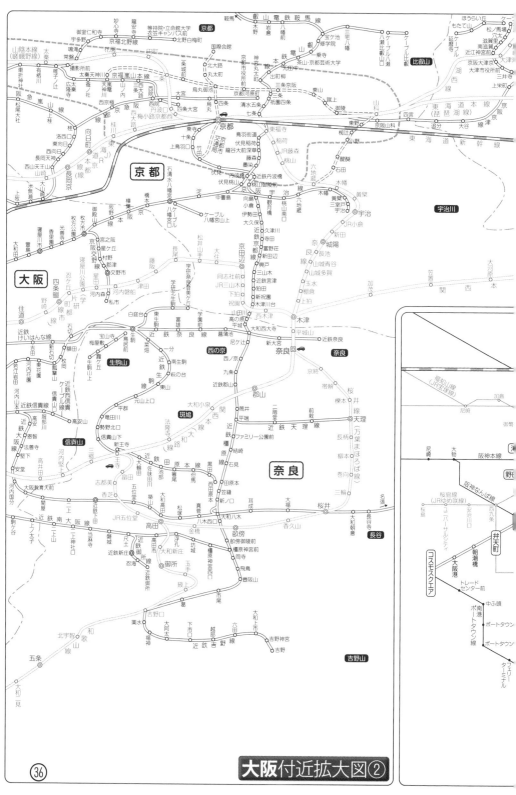

大阪付近拡大図②

㊱

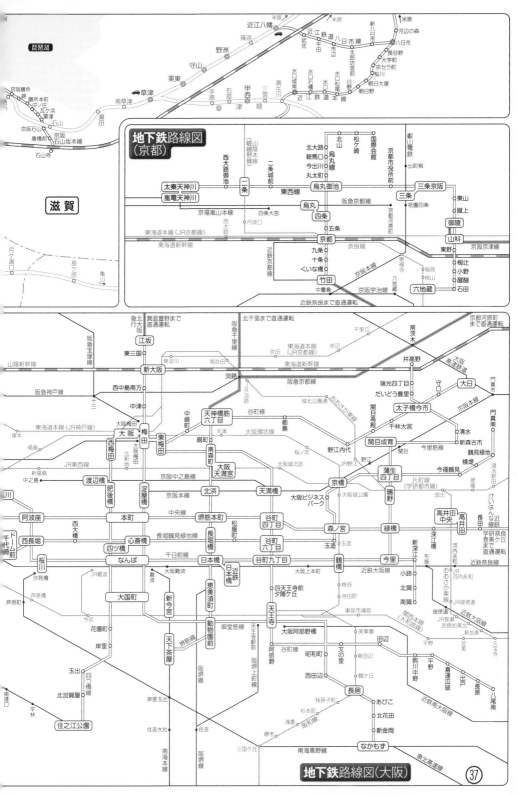

地下鉄路線図（京都）

地下鉄路線図（大阪）

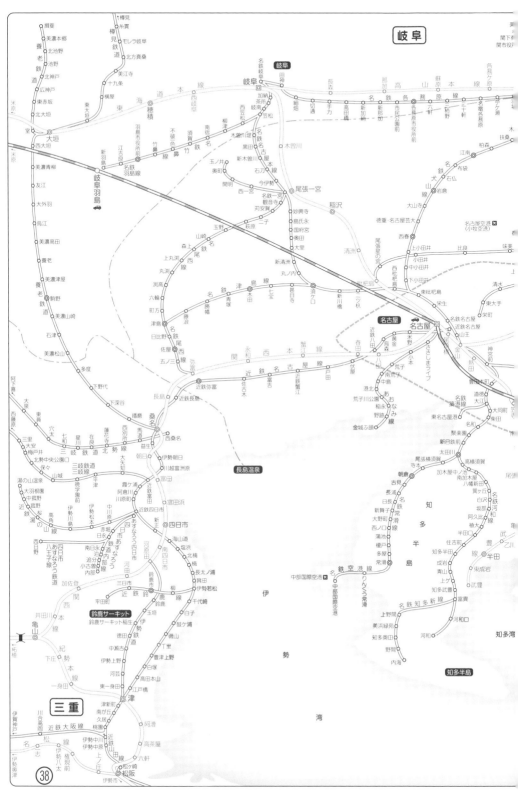

岐阜

岐阜

名古屋

三重

38

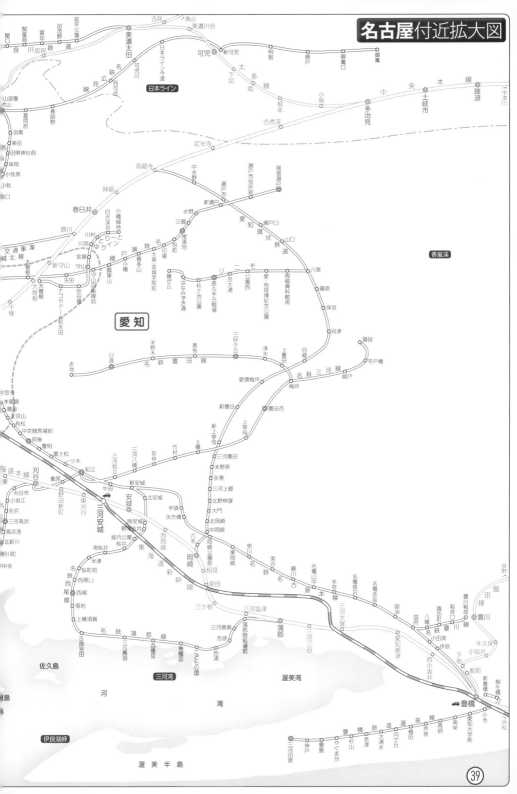

日本ライン

愛知

香嵐渓

三河湾

佐久島

伊良湖岬

渥美半島

渥美湾

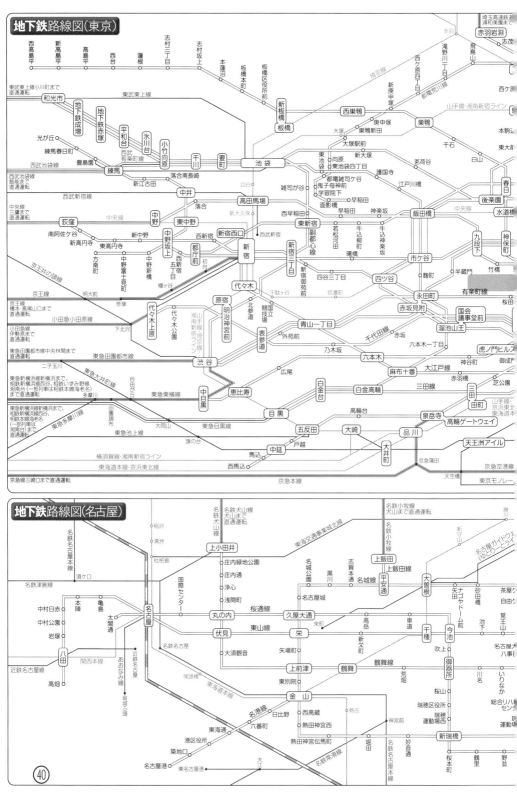

地下鉄路線図(東京)

地下鉄路線図(名古屋)

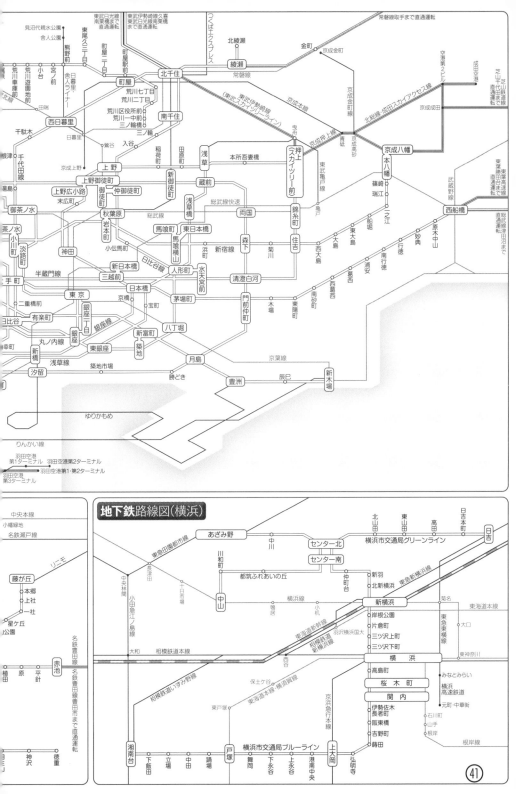

地下鉄路線図（横浜）

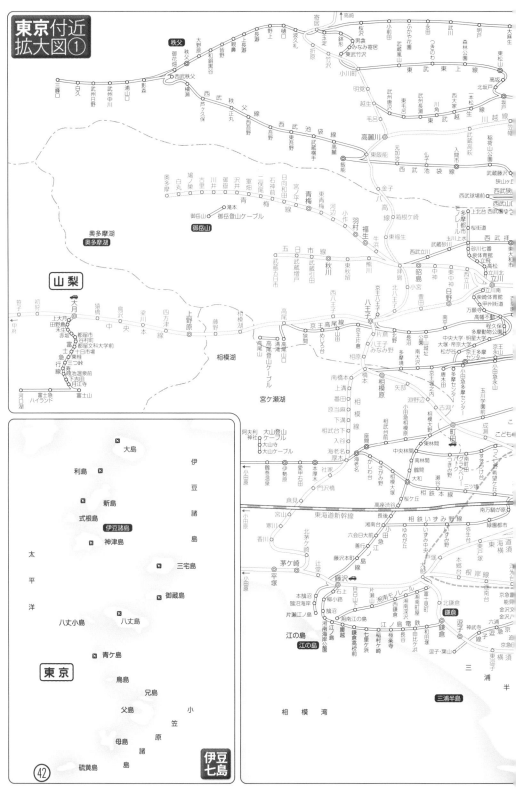

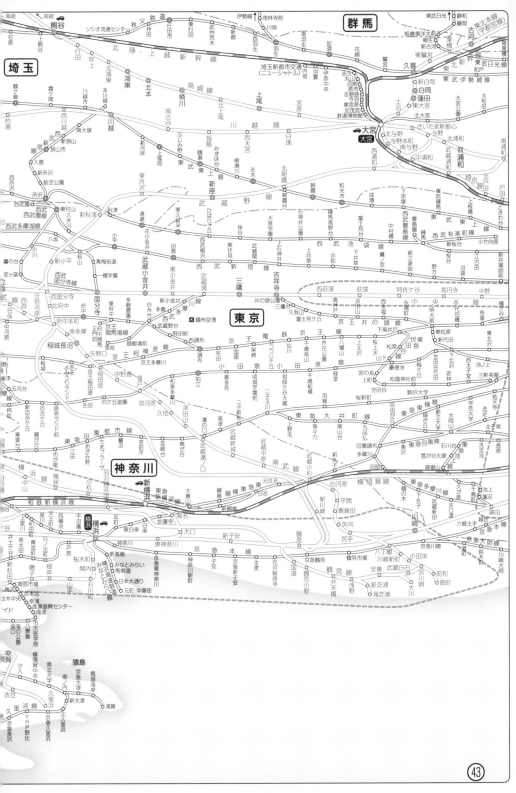

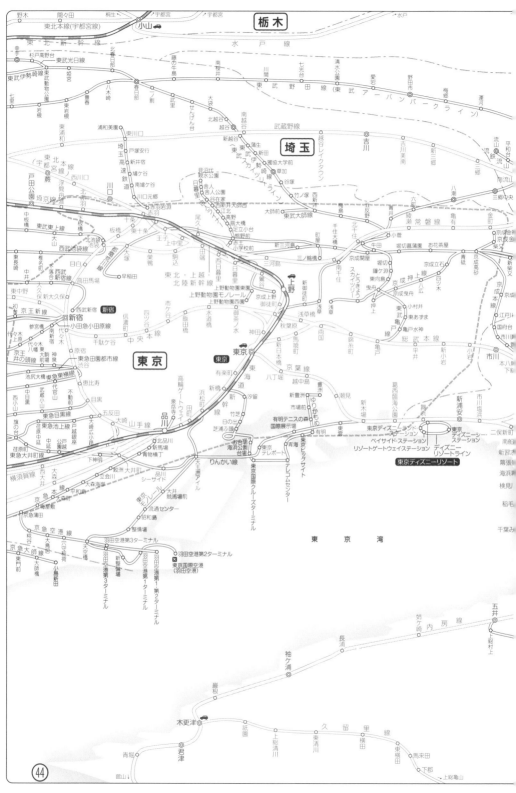

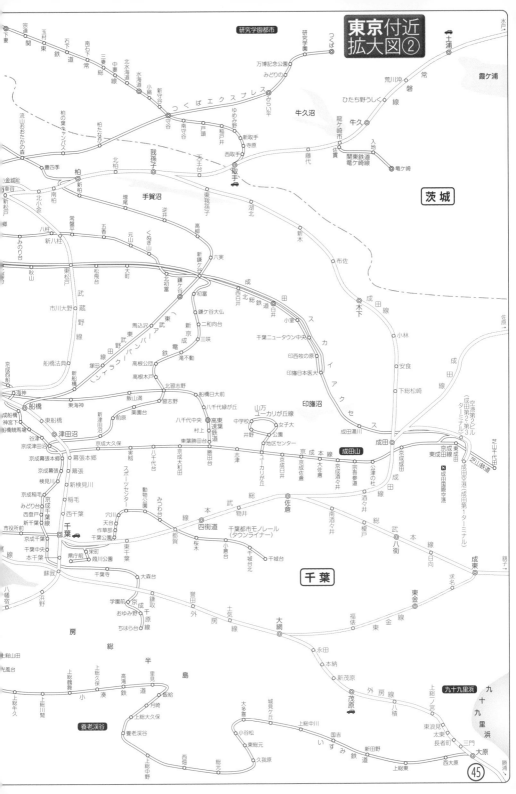

茨城

千葉

房総半島

九十九里浜

養老渓谷

JR線 電化区間と複線区間

JR在来線の電化方式は電源の種類によって、直流電化と交流電化の2つがある。架線電圧は直流が1500ボルト、交流が2万ボルトとなっており、交流は地域による周波数の違いから50ヘルツと60ヘルツに区分される。一方、新幹線（山形・秋田新幹線を除く）はすべて交流2万5000ボルトで電化され、在来線同様、線区によって周波数が50ヘルツと60ヘルツに分かれている。

◎最近の変更箇所

2018年	1月3日	黒磯駅構内のデッドセクションが黒磯－高久間に移設		
2018年	3月31日限り	三江線（江津－三次間）	108.1km	廃線（単線非電化区間）
2019年	3月16日	おおさか東線（新大阪－放出間）	11.0km	直流電化開業
2019年	3月23日	山田線（宮古－釜石間）	55.4km	三陸鉄道へ移管（単線非電化区間）
2019年	3月31日限り	石勝線（新夕張－夕張間）	16.1km	廃線（単線非電化区間）
2019年	11月30日	東海道本線〈相鉄・JR直通線〉（鶴見－羽沢横浜国大間）	8.8km	直流電化開業
2020年	3月14日	常磐線（大野－双葉間）	5.8km	復旧時に単線化（交流電化区間）
2020年	3月31日限り	気仙沼線（柳津－気仙沼間）	55.3km	鉄道事業廃止（BRT運行区間）
		大船渡線（気仙沼－盛間）	43.7km	鉄道事業廃止（BRT運行区間）
2020年	4月17日限り	札沼線（北海道医療大学－新十津川間）	47.6km	廃線（単線非電化区間）
2020年	11月1日	牟岐線（阿波海南－海部間）	1.5km	阿佐海岸鉄道へ移管（単線非電化区間）
2020年	12月6日	奈良線（山城多賀－玉水間）	2.0km	複線化（直流電化区間）
2021年	3月31日限り	日高本線（鵡川－様似間）	116.0km	廃線（単線非電化区間）
2022年	2月27日	奈良線（新田－城陽間）	2.1km	複線化（直流電化区間）
2022年	5月22日	奈良線（六地蔵－黄檗間）	2.5km	複線化（直流電化区間）
2022年	9月23日	西九州新幹線（武雄温泉－長崎間）	66.0km	交流電化開業
2022年	9月23日	長崎本線（肥前浜－長崎間）	67.7km	非電化
2022年	12月18日	奈良線（黄檗－宇治間）	2.9km	複線化（直流電化区間）
2023年	2月26日	奈良線（JR藤森－六地蔵間）	4.5km	複線化（直流電化区間）
2023年	3月31日限り	留萌本線（石狩沼田－留萌間）	35.7km	廃線（単線非電化区間）
2023年	8月28日	日田彦山線（添田－夜明間）	29.2km	BRT化
2024年	3月16日	北陸新幹線（金沢－敦賀間）	125.1km	交流電化開業
		北陸本線（金沢－大聖寺間）	46.4km	IRいしかわ鉄道へ移管（交流電化区間）
		北陸本線（大聖寺－敦賀間）	84.3km	ハピラインふくいへ移管（交流電化区間）
2024年	3月31日限り	根室本線（富良野－新得間）	81.7km	廃線（単線非電化区間）

●災害等の影響により一部不通となっている区間があります。お出かけの際は確認のうえご利用ください。
●新幹線の線路と貨物線は省略しています。

瀬戸大橋線
茶屋町―岡山間拡大図

関西本線
亀山―名古屋間拡大図

交直切換セクション一覧

左駅が直流側、右駅が交流側（Gを除く）

交直 直流側
- ① 羽越本線……村上～間島 間
- ② 東北本線……黒磯～高久 間
- ③ 水戸線……小山～小田林 間
- ④ 常磐線……取手～藤代 間

交直 交流側
- ⑤ 七尾線……中津幡～津幡 間
- ⑥ 山陽本線……門司駅 構内

※六角形のマークは、交直切換セクションに設置されている「架線死区間標識」である。交流と直流は無通電（架線が死んでいる）区間をはさんで接続されるため、こう呼ばれる。

凡例	単線	複線以上（または単線並列）
直流電化区間（1500V）		
交流電化区間（20000V・50Hz）		
交流電化区間（20000V・60Hz）		
非電化区間		

●新幹線（山形・秋田新幹線を除く）は全線複線・交流25000V電化
●東北・北海道・上越新幹線、北陸新幹線（軽井沢以東、糸魚川駅付近※）…50Hz
●東海道・山陽・九州新幹線、西九州新幹線、北陸新幹線（糸魚川村付近を除く軽井沢以西※）…60Hz
※軽井沢―佐久平間・上越妙高―糸魚川間・糸魚川―黒部宇奈月温泉間にある「き電区分所」で周波数切換

※1)大曲―秋田間は単線並列。大曲から秋田へ向かって左側は狭軌（普通列車用）、右側は標準軌（秋田新幹線用）…50Hz。ただし、神宮寺―峰吉川間の左側線路は狭軌・標準軌共用の三線軌となっており、同区間では走行中の秋田新幹線同士のすれ違いを見ることができる。

※2)山形―羽前千歳間は単線並列。山形から羽前千歳へ向かって左側は狭軌（仙山線・左沢線列車用）、右側は標準軌（山形新幹線・奥羽本線普通列車用）

※3)越後湯沢―ガーラ湯沢間は交流25000V・50Hz電化（上越新幹線と共通）

※4)佐古―徳島間は単線並列。徳島から佐古へ向かって左側は徳島線列車用、右側は高徳線列車用。

※5)博多南線は交流25000V・60Hz電化（山陽新幹線と共通）

乗車距離の算出がかんたん、全駅計算できる

（JR&私鉄全線全駅）
営業キロチェックリスト

乗車区間と下車駅をチェック

乗車した区間を塗りつぶし、下車した駅にチェックを
入れるなど乗車記録として活用しよう。地図同様にこ
ちらもあらかじめ塗り方、記入方法など、自分らしい
使い方をイメージしてから始めよう。

下車駅を•
マークしよう

乗車日を•
記入しよう

乗った路線を•
塗りつぶそう

スタンプ獲得駅も•
チェックしよう

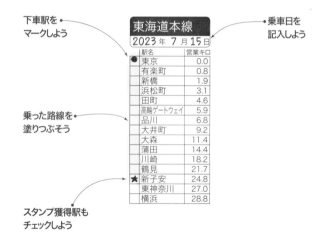

東海道本線	
2023 年 7 月 15 日	
駅名	営業キロ
東京	0.0
有楽町	0.8
新橋	1.9
浜松町	3.1
田町	4.6
高輪ゲートウェイ	5.9
品川	6.8
大井町	9.2
大森	11.4
蒲田	14.4
川崎	18.2
鶴見	21.7
★ 新子安	24.8
東神奈川	27.0
横浜	28.8

完乗達成距離を計算しよう

　線リストには起点駅からの営業キロが明記されて
いる。この営業キロから、乗りつぶすごとにその日の
乗車距離を計算。その時点での合計乗車距離を知る
ことで、完乗への達成率を意識しよう。

JTB時刻表監修完全データ！

（JR&私鉄
全線全駅）

営業キロ
チェックリスト

INDEX

掲載基準・算出基準について

○鉄道事業者は、同じ路線でも施設保有者と運行会社に分かれている場合がありますが、本書では原則として運送管理者を掲載しています。

○運営上の観点から、各路線や運送事業者の正式名称と異なる愛称が用いられている場合がありますが、地図上を除き、本書では原則として両方を記載しています。

○その他掲載基準や算出基準は、以下の特記事項や編集上の都合を除き「JTB時刻表」に準拠しています。

JR線に関する特記事項

○一部列車が利用する、短絡線等も掲載しています。

○同一路線に複数のルートが存在する場合、主でない方を「経由」として表記しています。

○同一路線に複数の起点終点が存在する場合、主でない方を「支線」として表記しています。

○宮島航路はJR西日本宮島フェリーによる運行であることから便宜的に路線リストに掲載しています。

○特定日のみ営業される臨時駅についても掲載しています。

○運賃・料金計算には複数の特例が存在するため、一部区間については掲載の営業キロと計算上の営業キロが異なる場合があります。詳しい運賃・料金の計算方法と特例については、「JTB時刻表」または各社のホームページをご覧ください。

私鉄線に関する特記事項

○一部鉄道会社では一部区間を本線（の複々線）として扱い、営業キロを計上していない場合がありますが、本書ではそのような区間についても重複掲載しています。

○一部鉄道会社においては分岐点の設定方法により、国土交通省監修「鉄道要覧」などと営業キロが若干異なります。

○運賃・料金計算には複数の特例が存在するため、一部区間については掲載の営業キロと計算上の営業キロが異なる場合があります。

○路線名は主に案内上使用される名称を記載しています（路面電車等一部『鉄道要覧』の路線名を使用している路線もあります）

JR

東海道新幹線

年	月	日

駅名	営業キロ
東京	0.0
品川	6.8
新横浜	28.8
小田原	83.9
熱海	104.6
三島	120.7
新富士	146.2
静岡	180.2
掛川	229.3
浜松	257.1
豊橋	293.6
三河安城	336.3
名古屋	366.0
岐阜羽島	396.3
米原	445.9
京都	513.6
新大阪	552.6

山陽新幹線

年	月	日

駅名	営業キロ
新大阪	0.0
新神戸	36.9
西明石	59.7
姫路	91.7
相生	112.4
岡山	180.3
新倉敷	205.5
福山	238.6
新尾道	258.7
三原	270.2
東広島	309.8
広島	341.6
新岩国	383.0
徳山	430.1
新山口	474.4
厚狭	509.5
新下関	536.1
小倉	555.1
博多	622.3

博多南線

年	月	日

駅名	営業キロ
博多	0.0
博多南	8.5

九州新幹線

年	月	日

駅名	営業キロ
博多	0.0
新鳥栖	28.6
久留米	35.7
筑後船小屋	51.5
新大牟田	69.3
新玉名	90.4
熊本	118.4
新八代	151.3
新水俣	194.1
出水	210.1
川内	242.8
鹿児島中央	288.9

西九州新幹線

年	月	日

駅名	営業キロ
武雄温泉	0.0
嬉野温泉	10.9
新大村	32.2
諫早	44.7
長崎	69.6

東北新幹線

年	月	日

駅名	営業キロ
東京	0.0
上野	3.6
大宮	30.3
小山	80.6
宇都宮	109.5
那須塩原	157.8
新白河	185.4
郡山	226.7
福島	272.8
白石蔵王	306.8
仙台	351.8
古川	395.0
くりこま高原	416.2
一ノ関	445.1
水沢江刺	470.1
北上	487.5
新花巻	500.0
盛岡	535.3
いわて沼宮内	566.4
二戸	601.0
八戸	631.9
七戸十和田	668.0
新青森	713.7

北海道新幹線

年	月	日

駅名	営業キロ
新青森	0.0
奥津軽いまべつ	38.5
木古内	113.3
新函館北斗	148.8

山形新幹線
（奥羽本線〈福島ー新庄〉）

年	月	日

駅名	営業キロ
福島	0.0
笹木野	3.8
庭坂	6.9
板谷	21.2
峠	24.5
大沢	28.8
関根	34.8
米沢	40.1
置賜	45.6
高畠	49.9
赤湯	56.1
中川	64.4
羽前中山	68.3
かみのやま温泉	75.0
茂吉記念館前	77.8
蔵王	81.8
山形	87.1
北山形	89.0
羽前千歳	91.9
南出羽	93.6
漆山	94.9

山形新幹線（続き）

駅名	営業キロ
高擶	97.0
天童南	98.3
天童	100.4
乱川	103.4
神町	106.3
さくらんぼ東根	108.1
東根	110.6
村山	113.5
袖崎	121.5
大石田	126.9
北大石田	130.8
芦沢	133.7
舟形	140.3
新庄	148.6

秋田新幹線
（田沢湖線・奥羽本線〈大曲ー秋田〉）

年	月	日

駅名	営業キロ
盛岡	0.0
前潟	3.4
大釜	6.0
小岩井	10.5
雫石	16.0
春木場	18.7
赤渕	22.0
田沢湖	40.1
刺巻	44.4
神代	52.8
生田	55.3
角館	58.8
鶯野	61.6
羽後長野	64.6
鑓見内	67.9
羽後四ツ屋	70.2
北大曲	72.0
大曲	75.6
神宮寺	81.6
刈和野	89.2
峰吉川	94.0
羽後境	100.5
大張野	108.6
和田	114.0
四ツ小屋	120.9
秋田	127.3

上越新幹線

年	月	日

駅名	営業キロ
東京	0.0
上野	3.6
大宮	30.3
熊谷	64.7
本庄早稲田	86.0
高崎	105.0
上毛高原	151.6
越後湯沢	199.2
浦佐	228.9
長岡	270.6
燕三条	293.8
新潟	333.9

上越新幹線
（ガーラ湯沢）

年	月	日

駅名	営業キロ
越後湯沢	0.0
ガーラ湯沢	1.8

北陸新幹線

年	月	日

駅名	営業キロ
高崎	0.0
安中榛名	18.5
軽井沢	41.8
佐久平	59.4
上田	84.2
長野	117.4
飯山	147.3
上越妙高	176.9
糸魚川	213.9
黒部宇奈月温泉	253.1
富山	286.9
新高岡	305.8
金沢	345.5
小松	372.6
加賀温泉	387.1
芦原温泉	403.4
福井	421.4
越前たけふ	440.4
敦賀	470.6

東海道本線

年	月	日

駅名	営業キロ
東京	0.0
有楽町	0.8
新橋	1.9
浜松町	3.1
田町	4.6
高輪ゲートウェイ	5.9
品川	6.8
大井町	9.2
大森	11.4
蒲田	14.4
川崎	18.2
鶴見	21.7
新子安	24.8
東神奈川	27.0
横浜	28.8
保土ケ谷	31.8
東戸塚	36.7
戸塚	40.9
大船	46.5
藤沢	51.1
辻堂	54.8
茅ケ崎	58.6
平塚	63.8
大磯	67.8
二宮	73.1
国府津	77.7
鴨宮	80.8
小田原	83.9
早川	86.0
根府川	90.4
真鶴	95.8
湯河原	99.1
熱海	104.6
函南	114.5
三島	120.7
沼津	126.2
片浜	130.3
原	132.8
東田子の浦	137.4
吉原	141.3
富士	146.2
富士川	149.7
新蒲原	152.5
蒲原	154.9
由比	158.4

東海道本線（続き）

駅名	営業キロ
興津	164.3
清水	169.0
草薙	174.2
東静岡	177.7
静岡	180.2
安倍川	184.5
用宗	186.6
焼津	193.7
西焼津	197.0
藤枝	200.3
六合	204.9
島田	207.8
金谷	212.9
菊川	222.2
掛川	229.3
愛野	234.6
袋井	238.1
御厨	242.7
磐田	245.9
豊田町	248.8
天竜川	252.7
浜松	257.1
高塚	262.4
舞阪	267.5
弁天島	269.8
新居町	272.9
鷲津	276.6
新所原	282.4
二川	286.7
豊橋	293.6
西小坂井	298.4
愛知御津	302.1
三河大塚	305.2
三河三谷	308.3
蒲郡	310.6
三河塩津	312.9
三ケ根	315.5
幸田	318.5
相見	321.6
岡崎	325.9
西岡崎	330.1
安城	333.7
三河安城	336.3
東刈谷	338.1
野田新町	339.7
刈谷	341.6
逢妻	343.5
大府	346.5
共和	349.5
南大高	351.8
大高	353.6
笠寺	356.8
熱田	360.8
金山	362.7
尾頭橋	363.6
名古屋	366.0
枇杷島	370.0
清洲	373.8
稲沢	377.1
尾張一宮	383.1
木曽川	388.6
岐阜	396.3
西岐阜	399.5
穂積	402.3
大垣	410.0
垂井	418.1
関ケ原	423.8
柏原	430.9
近江長岡	435.2
醒ケ井	439.8
米原	445.9
彦根	451.9
南彦根	455.2

駅名	営業キロ
河瀬	458.3
稲枝	462.0
能登川	465.7
安土	470.8
近江八幡	474.3
篠原	478.3
野洲	483.9
守山	487.0
栗東	489.1
草津	491.4
南草津	493.9
瀬田	496.6
石山	499.1
膳所	501.9
大津	503.6
山科	508.1
京都	513.6
西大路	516.1
桂川	518.9
向日町	520.0
長岡京	523.7
山崎	527.7
島本	529.9
高槻	535.2
摂津富田	538.1
JR総持寺	539.8
茨木	541.8
千里丘	544.7
岸辺	546.4
吹田	548.8
東淀川	551.9
新大阪	552.6
大阪	556.4
塚本	559.8
尼崎	564.1
立花	567.1
甲子園口	569.3
西宮	571.8
さくら夙川	573.3
芦屋	575.6
甲南山手	577.0
摂津本山	578.5
住吉	580.1
六甲道	582.3
摩耶	583.7
灘	584.6
三ノ宮	587.0
元町	587.8
神戸	589.5

東海道本線
（品川−新川崎−鶴見）

年　　月　　日

駅名	営業キロ
品川	0.0
西大井	3.6
武蔵小杉	10.0
新川崎	12.7
（鶴見）	17.8
横浜	24.9

東海道本線
（新垂井経由）

年　　月　　日

駅名	営業キロ
大垣	0.0
関ケ原	13.8

東海道本線
（美濃赤坂支線）

年　　月　　日

駅名	営業キロ
大垣	0.0
荒尾	3.4
美濃赤坂	5.0

山陽本線

年　　月　　日

駅名	営業キロ
神戸	0.0
兵庫	1.8
新長田	4.1
鷹取	5.1
須磨海浜公園	6.0
須磨	7.3
塩屋	10.2
垂水	13.1
舞子	15.1
朝霧	17.0
明石	19.4
西明石	22.8
大久保	25.6
魚住	29.1
土山	32.2
東加古川	35.5
加古川	39.1
宝殿	42.4
曽根	46.4
ひめじ別所	48.4
御着	50.5
東姫路	52.9
姫路	54.8
英賀保	58.5
はりま勝原	62.2
網干	65.1
竜野	71.0
相生	75.5
有年	83.1
上郡	89.6
三石	102.4
吉永	109.5
和気	114.8
熊山	119.4
万富	123.5
瀬戸	128.0
上道	132.7
東岡山	136.1
高島	138.9
西川原	140.8
岡山	143.4
北長瀬	146.8
庭瀬	149.9
中庄	154.6
倉敷	159.3
西阿知	163.3
新倉敷	168.6
金光	174.9
鴨方	178.4
里庄	182.4
笠岡	187.1
大門	194.2
東福山	197.5
福山	201.7
備後赤坂	207.5
松永	212.4
東尾道	215.3
尾道	221.8
糸崎	230.9
三原	233.3

駅名	営業キロ
本郷	242.8
河内	255.1
入野	259.5
白市	263.9
西高屋	268.3
西条	272.9
寺家	275.2
八本松	278.9
瀬野	289.5
中野東	292.4
安芸中野	294.4
海田市	298.3
向洋	300.6
天神川	302.4
広島	304.7
新白島	306.5
横川	307.7
西広島	310.2
新井口	314.4
五日市	316.8
廿日市	320.2
宮内串戸	321.8
阿品	324.8
宮島口	326.5
前空	328.3
大野浦	331.4
玖波	336.4
大竹	340.8
和木	342.3
岩国	346.1
南岩国	350.7
藤生	353.4
通津	358.6
由宇	361.6
神代	366.8
大畠	371.9
柳井港	376.4
柳井	379.2
田布施	385.4
岩田	390.9
島田	395.9
光	400.7
下松	406.9
櫛ケ浜	411.5
徳山	414.9
新南陽	419.0
福川	421.9
戸田	425.7
富海	434.2
防府	441.4
大道	449.2
四辻	454.0
新山口	459.2
嘉川	463.2
本由良	467.7
厚東	478.0
宇部	484.5
小野田	488.0
厚狭	494.3
埴生	502.6
小月	508.8
長府	515.0
新下関	520.9
幡生	524.6
下関	528.1
門司	534.4

山陽本線
（和田岬線）

年　　月　　日

駅名	営業キロ
兵庫	0.0
和田岬	2.7

横須賀線

年　　月　　日

駅名	営業キロ
大船	0.0
北鎌倉	2.3
鎌倉	4.5
逗子	8.4
東逗子	10.4
田浦	13.8
横須賀	15.9
衣笠	19.3
久里浜	23.9

総武本線

年　　月　　日

駅名	営業キロ
東京	0.0
新日本橋	1.2
馬喰町	2.3
錦糸町	4.8
亀戸	6.3
平井	8.2
新小岩	10.0
小岩	12.8
市川	15.4
本八幡	17.4
下総中山	19.0
西船橋	20.6
船橋	23.2
東船橋	25.0
津田沼	26.7
幕張本郷	29.6
幕張	31.6
新検見川	33.2
稲毛	35.9
西千葉	37.8
千葉	39.2
東千葉	40.1
都賀	43.4
四街道	46.9
物井	51.1
佐倉	55.3
南酒々井	59.3
榎戸	62.2
八街	65.9
日向	71.7
成東	76.9
松尾	82.5
横芝	86.8
飯倉	90.6
八日市場	93.7
干潟	98.8
旭	103.6
飯岡	106.3
倉橋	109.2
猿田	111.8
松岸	117.3
銚子	120.5

総武本線
（錦糸町−御茶ノ水）

年　　月　　日

駅名	営業キロ
錦糸町	0.0
両国	1.5
浅草橋	2.3
秋葉原	3.4
御茶ノ水	4.3

成田線

年　　月　　日

駅名	営業キロ
佐倉	0.0
酒々井	6.4
成田	13.1
久住	20.0
滑河	25.5
下総神崎	31.6
大戸	36.1
佐原	40.0
香取	43.6
水郷	47.5
小見川	52.7
笹川	57.7
下総橘	62.9
下総豊里	66.2
椎柴	71.0
松岸	75.4

成田線
（成田−成田空港）

年　　月　　日

駅名	営業キロ
成田	0.0
空港第2ビル	9.8
成田空港	10.8

成田線
（成田−我孫子）

年　　月　　日

駅名	営業キロ
成田	0.0
下総松崎	5.1
安食	9.7
小林	14.6
木下	18.9
布佐	20.8
新木	24.0
湖北	26.6
東我孫子	29.5
我孫子	32.9

鹿島線

年　　月　　日

駅名	営業キロ
香取	0.0
十二橋	3.0
潮来	5.2
延方	10.4
鹿島神宮	14.2
鹿島サッカースタジアム	17.4

東金線

年　　月　　日

駅名	営業キロ
大網	0.0
福俵	3.3
東金	5.8
求名	9.6
成東	13.8

久留里線

年　　　月　　　日

駅名	営業キロ
木更津	0.0
祇園	2.6
上総清川	4.2
東清川	6.1
横田	9.3
東横田	10.8
馬来田	13.9
下郡	15.2
小櫃	18.2
俵田	20.0
久留里	22.6
平山	25.7
上総松丘	28.3
上総亀山	32.2

内房線

年　　　月　　　日

駅名	営業キロ
蘇我	0.0
浜野	3.4
八幡宿	5.6
五井	9.3
姉ケ崎	15.1
長浦	20.5
袖ケ浦	24.4
巌根	27.5
木更津	31.3
君津	38.3
青堀	42.0
大貫	46.6
佐貫町	50.7
上総湊	55.1
竹岡	60.2
浜金谷	64.0
保田	67.5
安房勝山	70.8
岩井	73.7
富浦	79.8
那古船形	82.1
館山	85.9
九重	91.7
千倉	96.6
千歳	98.6
南三原	102.2
和田浦	106.8
江見	111.4
太海	116.0
安房鴨川	119.4

外房線

年　　　月　　　日

駅名	営業キロ
千葉	0.0
本千葉	1.4
蘇我	3.8
鎌取	8.8
誉田	12.6
土気	18.1
大網	22.9
永田	25.3
本納	27.7
新茂原	31.4
茂原	34.3
八積	38.9
上総一ノ宮	43.0
東浪見	46.2
太東	49.3
長者町	52.1
三門	53.7
大原	57.2
浪花	60.5
御宿	65.4
勝浦	70.9
鵜原	74.5
上総興津	77.2
行川アイランド	80.5
安房小湊	84.3
安房天津	87.7
安房鴨川	93.3

御殿場線

年　　　月　　　日

駅名	営業キロ
国府津	0.0
下曽我	3.8
上大井	6.5
相模金子	8.3
松田	10.2
東山北	13.1
山北	15.9
谷峨	20.0
駿河小山	24.6
足柄	28.9
御殿場	35.5
南御殿場	38.2
富士岡	40.6
岩波	45.3
裾野	50.7
長泉なめり	53.5
下土狩	55.6
大岡	57.8
沼津	60.2

伊東線

年　　　月　　　日

駅名	営業キロ
熱海	0.0
来宮	1.2
伊豆多賀	6.0
網代	8.7
宇佐美	13.0
伊東	16.9

武豊線

年　　　月　　　日

駅名	営業キロ
大府	0.0
尾張森岡	1.7
緒川	3.1
石浜	4.6
東浦	6.8
亀崎	10.2
乙川	12.8
半田	14.6
東成岩	16.3
武豊	19.3

名松線

年　　　月　　　日

駅名	営業キロ
松阪	0.0
上ノ庄	4.2
権現前	7.0
伊勢八太	11.7
一志	13.0
井関	15.6
伊勢大井	18.5
伊勢川口	21.3
関ノ宮	23.3
家城	25.8
伊勢竹原	29.5
伊勢鎌倉	33.8
伊勢八知	36.6
比津	39.7
伊勢奥津	43.5

身延線

年　　　月　　　日

駅名	営業キロ
富士	0.0
柚木	1.5
竪堀	2.8
入山瀬	5.6
富士根	8.0
源道寺	9.3
富士宮	10.7
西富士宮	11.9
沼久保	16.9
芝川	19.2
稲子	24.0
十島	26.3
井出	29.4
寄畑	31.9
内船	34.1
甲斐大島	39.8
身延	43.5
塩之沢	45.7
波高島	50.2
下部温泉	51.7
甲斐常葉	54.1
市ノ瀬	56.1
久那土	58.8
甲斐岩間	60.3
落居	61.8
鰍沢口	66.8
市川大門	69.8
市川本町	70.7
芦川	71.7
甲斐上野	72.8
東花輪	76.3
小井川	77.5
常永	78.9
国母	81.2
甲斐住吉	83.1
南甲府	84.0
善光寺	86.3
金手	87.2
甲府	88.4

飯田線

年　　　月　　　日

駅名	営業キロ
豊橋	0.0
船町	1.5
下地	2.2
小坂井	4.4
牛久保	6.6
豊川	8.7
三河一宮	12.0
長山	14.4
江島	15.4
東上	17.0
野田城	19.7
新城	21.6
東新町	22.6
茶臼山	23.8
三河東郷	25.0
大海	27.9
鳥居	29.3
長篠城	30.8
本長篠	32.1
三河大野	35.6
湯谷温泉	38.0
三河槙原	40.6
柿平	42.9
三河川合	45.2
池場	50.1
東栄	51.2
出馬	55.4
上市場	56.0
浦川	57.3
早瀬	58.5
下川合	59.9
中部天竜	62.4
佐久間	63.5
相月	68.5
城西	70.5
向市場	73.3
水窪	74.3
大嵐	80.8
小和田	83.8
中井侍	87.8
伊那小沢	90.1
鶯巣	91.7
平岡	93.8
為栗	98.5
温田	102.2
田本	104.2
門島	107.9
唐笠	111.3
金野	113.6
千代	114.8
天竜峡	116.2
川路	117.5
時又	119.3
駄科	121.1
毛賀	122.5
伊那八幡	123.8
下山村	124.7
鼎	125.7
切石	127.7
飯田	129.3
桜町	130.1
伊那上郷	131.1
元善光寺	133.8
下市田	135.6
市田	136.8
下平	139.5
山吹	140.5
伊那大島	143.1
上片桐	146.2
伊那田島	148.2
高遠原	150.7
七久保	152.3
伊那本郷	155.1
飯島	157.9
田切	160.1
伊那福岡	162.9
小町屋	164.4
駒ケ根	165.6
大田切	167.0
宮田	169.1
赤木	170.4
沢渡	173.4
下島	174.5
伊那市	178.0
伊那北	178.9
田畑	181.0
北殿	183.2
木ノ下	185.6
伊那松島	187.1
沢	189.7
羽場	191.6
伊那新町	193.4
宮木	194.6
辰野	195.7

関西本線

年　　　月　　　日

駅名	営業キロ
名古屋	0.0
八田	3.8
春田	7.5
蟹江	9.3
永和	12.2
弥富	16.4
長島	19.6
桑名	23.8
朝日	28.5
富田	31.7
富田浜	33.0
四日市	37.2
南四日市	40.4
河原田	44.1
河曲	47.5
加佐登	50.9
井田川	55.3
亀山	59.9
関	65.6
加太	71.0
柘植	79.9
新堂	86.1
佐那具	90.5
伊賀上野	94.5
島ケ原	101.8
月ケ瀬口	104.8
大河原	108.8
笠置	114.2
加茂	120.9
木津	126.9
平城山	130.1
奈良	133.9
郡山	138.7
大和小泉	142.5
法隆寺	145.7
王寺	149.3
三郷	151.1
河内堅上	154.0
高井田	156.4
柏原	158.8
志紀	160.5
八尾	163.1
久宝寺	164.3
加美	166.0
平野	167.5
東部市場前	169.0
天王寺	171.4
新今宮	172.4
今宮	173.6
JR難波	174.9

紀勢本線

年　　　月　　　日

駅名	営業キロ
亀山	0.0
下庄	5.5
一身田	12.1
津	15.5
阿漕	19.3
高茶屋	23.4
六軒	29.1

松阪	34.6
徳和	37.6
多気	42.5
相可	46.4
佐奈	49.6
栃原	55.1
川添	60.8
三瀬谷	67.9
滝原	73.0
阿曽	77.1
伊勢柏崎	82.2
大内山	86.9
梅ケ谷	89.5
紀伊長島	98.4
三野瀬	105.9
船津	112.2
相賀	116.6
尾鷲	123.3
大曽根浦	127.4
九鬼	134.4
三木里	138.5
賀田	142.6
二木島	146.8
新鹿	150.8
波田須	153.2
大泊	155.2
熊野市	157.6
有井	159.6
神志山	164.1
紀伊市木	165.6
阿田和	168.4
紀伊井田	173.8
鵜殿	176.6
新宮	180.2
三輪崎	184.9
紀伊佐野	186.6
宇久井	188.7
那智	193.0
紀伊天満	193.9
紀伊勝浦	195.1
湯川	197.8
太地	199.9
下里	201.1
紀伊浦神	205.0
紀伊田原	209.0
古座	215.0
紀伊姫	218.9
串本	221.8
紀伊有田	227.6
田並	229.4
田子	233.7
和深	236.4
江住	242.0
見老津	245.0
周参見	254.0
紀伊日置	261.2
椿	267.3
紀伊富田	272.5
白浜	275.4
朝来	279.7
紀伊新庄	283.2
紀伊田辺	285.4
芳養	289.5
南部	294.5
岩代	299.6
切目	305.5
印南	309.3
稲原	313.6
和佐	320.4
道成寺	324.7
御坊	329.2
紀伊由良	334.5

広川ビーチ	341.3
湯浅	343.9
藤並	347.3
紀伊宮原	351.2
箕島	355.6
初島	358.1
下津	361.1
加茂郷	363.8
冷水浦	367.7
海南	370.5
黒江	372.3
紀三井寺	375.9
宮前	378.8
和歌山	380.9
紀和	382.7
和歌山市	384.2

参宮線
年 月 日

駅名	営業キロ
多気	0.0
外城田	3.3
田丸	7.0
宮川	11.0
山田上口	13.2
伊勢市	15.0
五十鈴ケ丘	17.9
二見浦	21.4
松下	23.7
鳥羽	29.1

関西空港線
年 月 日

駅名	営業キロ
日根野	0.0
りんくうタウン	4.2
関西空港	11.1

奈良線
年 月 日

駅名	営業キロ
木津	0.0
上狛	1.6
棚倉	4.4
玉水	7.4
山城多賀	9.4
山城青谷	10.7
長池	12.7
城陽	14.5
新田	16.6
JR小倉	18.4
宇治	19.8
黄檗	22.7
木幡	24.1
六地蔵	25.1
桃山	27.5
JR藤森	29.7
稲荷	32.0
東福寺	33.6
京都	34.7

草津線
年 月 日

駅名	営業キロ
柘植	0.0
油日	5.3
甲賀	7.4
寺庄	10.5
甲南	12.5

貴生川	15.3
三雲	20.5
甲西	24.3
石部	27.6
手原	32.7
草津	36.7

和歌山線
年 月 日

駅名	営業キロ
王寺	0.0
畠田	2.6
志都美	4.5
香芝	6.6
JR五位堂	8.7
高田	11.5
大和新庄	14.9
御所	17.6
玉手	19.4
掖上	20.9
吉野口	24.9
北宇智	31.5
五条	35.4
大和二見	37.1
隅田	41.1
下兵庫	43.2
橋本	45.1
紀伊山田	48.0
高野口	50.6
中飯降	53.0
妙寺	54.6
大谷	56.7
笠田	58.2
西笠田	61.3
名手	63.2
粉河	66.0
紀伊長田	67.2
打田	69.8
下井阪	72.0
岩出	74.2
船戸	75.3
紀伊小倉	77.6
布施屋	79.9
千旦	81.4
田井ノ瀬	82.9
和歌山	87.5

桜井線
年 月 日

駅名	営業キロ
奈良	0.0
京終	1.9
帯解	4.8
櫟本	7.3
天理	9.6
長柄	12.6
柳本	14.3
巻向	15.9
三輪	18.0
桜井	19.7
香久山	21.7
畝傍	24.7
金橋	27.3
高田	29.4

姫新線
年 月 日

駅名	営業キロ
姫路	0.0
播磨高岡	3.8

余部	6.1
太市	9.9
本竜野	14.9
東觜崎	17.8
播磨新宮	22.1
千本	27.6
西栗栖	31.2
三日月	36.6
播磨徳久	42.5
佐用	45.9
上月	50.9
美作土居	57.6
美作江見	63.0
楢原	66.4
林野	70.4
勝間田	74.3
西勝間田	77.3
美作大崎	79.3
東津山	83.7
津山	86.3
院庄	90.8
美作千代	95.6
坪井	98.3
美作追分	103.9
美作落合	110.9
古見	114.6
久世	118.9
中国勝山	123.8
月田	128.6
富原	134.7
刑部	141.2
丹治部	145.0
岩山	149.8
新見	158.1

芸備線
年 月 日

駅名	営業キロ
備中神代	0.0
坂根	3.9
市岡	6.5
矢神	10.0
野馳	13.6
東城	18.8
備後八幡	25.3
内名	29.0
小奴可	33.6
道後山	37.8
備後落合	44.6
比婆山	50.2
備後西城	53.2
平子	57.4
高	62.3
備後庄原	68.5
備後三日市	70.5
七塚	72.2
山ノ内	75.2
下和知	80.1
塩町	83.2
神杉	84.7
八次	88.0
三次	90.3
西三次	91.9
志和地	99.6
上川立	102.5
甲立	106.5
吉田口	109.9
向原	116.1
井原市	122.0
志和口	126.0
上三田	129.5
中三田	134.0

白木山	136.3
狩留家	138.5
上深川	140.7
中深川	143.5
下深川	144.9
玖村	146.8
安芸矢口	149.3
戸坂	152.1
矢賀	156.9
広島	159.1

加古川線
年 月 日

駅名	営業キロ
加古川	0.0
日岡	2.3
神野	4.8
厄神	7.4
市場	11.5
小野町	13.7
粟生	16.6
河合西	19.2
青野ケ原	21.3
社町	24.2
滝野	27.3
滝	28.4
西脇市	31.2
新西脇	32.3
比延	34.6
日本へそ公園	36.1
黒田庄	38.5
本黒田	42.0
船町口	43.8
久下村	46.3
谷川	48.5

津山線
年 月 日

駅名	営業キロ
岡山	0.0
法界院	2.3
備前原	5.1
玉柏	7.5
牧山	11.4
野々口	16.7
金川	19.7
建部	27.0
福渡	30.3
神目	36.5
弓削	40.5
誕生寺	43.5
小原	45.5
亀甲	49.1
佐良山	53.4
津山口	56.8
津山	58.7

吉備線
年 月 日

駅名	営業キロ
岡山	0.0
備前三門	1.9
大安寺	3.3
備前一宮	6.5
吉備津	8.4
備中高松	11.0
足守	13.4
服部	16.2
東総社	18.8
総社	20.4

JR・私鉄

赤穂線

駅名	年 月 日 営業キロ
相生	0.0
西相生	3.0
坂越	7.8
播州赤穂	10.5
播州赤穂	0.0
天和	4.0
備前福河	5.9
寒河	9.1
日生	11.6
伊里	17.2
備前片上	20.5
西片上	21.8
伊部	24.0
香登	28.0
長船	31.8
邑久	35.4
大富	37.5
西大寺	40.7
大多羅	43.6
東岡山	46.9

因美線

駅名	年 月 日 営業キロ
鳥取	0.0
津ノ井	4.3
東郡家	8.2
郡家	10.3
河原	14.1
国英	17.4
鷹狩	19.8
用瀬	21.1
因幡社	24.9
智頭	31.9
土師	35.6
那岐	38.5
美作河井	48.5
知和	52.0
美作加茂	55.8
三浦	59.3
美作滝尾	61.5
高野	66.7
東津山	70.8

伯備線

駅名	年 月 日 営業キロ
倉敷	0.0
清音	7.3
総社	10.7
豪渓	15.3
日羽	19.0
美袋	22.7
備中広瀬	29.6
備中高梁	34.0
木野山	38.8
備中川面	42.7
方谷	47.4
井倉	55.2
石蟹	59.7
新見	64.4
布原	68.3
備中神代	70.8
足立	77.0
新郷	82.8
上石見	86.7
生山	95.4

駅名	営業キロ
上菅	98.9
黒坂	103.7
根雨	111.3
武庫	116.0
江尾	118.1
伯耆溝口	127.3
岸本	132.3
伯耆大山	138.4

福塩線

駅名	年 月 日 営業キロ
福山	0.0
備後本庄	1.8
横尾	6.1
神辺	8.4
湯田村	10.4
道上	11.3
万能倉	13.4
駅家	14.6
近田	16.0
戸手	17.0
上戸手	18.8
新市	20.0
高木	21.7
鵜飼	22.7
府中	23.6
下川辺	27.9
中畑	31.8
河佐	34.9
備後三川	42.4
備後矢野	46.6
上下	50.3
甲奴	54.7
梶田	57.1
備後安田	62.3
吉舎	67.3
三良坂	73.6
塩町	78.0

呉線

駅名	年 月 日 営業キロ
三原	0.0
須波	5.1
安芸幸崎	11.8
忠海	17.2
安芸長浜	20.0
大乗	21.8
竹原	25.3
吉名	30.0
安芸津	34.7
風早	37.9
安浦	44.2
安登	48.7
安芸川尻	52.8
仁方	57.6
広	60.2
新広	61.5
安芸阿賀	62.9
呉	67.0
川原石	68.7
吉浦	71.0
かるが浜	72.2
天応	74.3
呉ポートピア	75.6
小屋浦	77.1
水尻	79.3
坂	81.8
矢野	84.4
海田市	87.0

岩徳線

駅名	年 月 日 営業キロ
岩国	0.0
西岩国	3.7
川西	5.6
柱野	8.5
欽明路	15.2
玖珂	17.1
周防高森	20.6
米川	24.4
高水	28.8
勝間	31.1
大河内	33.3
周防久保	34.7
生野屋	38.0
周防花岡	39.8
櫛ケ浜	43.7

可部線

駅名	年 月 日 営業キロ
横川	0.0
三滝	1.1
安芸長束	2.6
下祇園	3.9
古市橋	5.3
大町	6.5
緑井	7.3
七軒茶屋	8.0
梅林	9.6
上八木	11.2
中島	12.6
可部	14.0
河戸帆待川	14.8
あき亀山	15.6

山口線

駅名	年 月 日 営業キロ
新山口	0.0
周防下郷	1.0
上郷	2.7
仁保津	4.6
大歳	7.3
矢原	8.6
湯田温泉	10.3
山口	12.7
上山口	13.9
宮野	15.5
仁保	20.2
篠目	28.9
長門峡	32.3
渡川	35.5
三谷	38.6
名草	41.4
地福	43.9
鍋倉	46.4
徳佐	49.9
船平山	52.8
津和野	62.9
青野山	66.1
日原	72.8
青原	77.5
東青原	80.6
石見横田	84.7
本俣賀	89.6
益田	93.9

美祢線

駅名	年 月 日 営業キロ
厚狭	0.0
湯ノ峠	4.2
厚保	10.2
四郎ケ原	13.2
南大嶺	16.9
美祢	19.4
重安	22.3
於福	27.2
渋木	37.1
長門湯本	41.0
板持	43.3
長門市	46.0

宇部線

駅名	年 月 日 営業キロ
新山口	0.0
上嘉川	2.8
深溝	5.9
周防佐山	7.5
岩倉	8.8
阿知須	10.2
岐波	12.7
丸尾	15.2
床波	18.9
常盤	20.7
草江	22.5
宇部岬	23.7
東新川	25.3
琴芝	26.0
宇部新川	27.1
居能	28.9
岩鼻	30.3
宇部	33.2

小野田線

駅名	年 月 日 営業キロ
居能	0.0
妻崎	2.5
長門長沢	3.2
雀田	4.5
小野田港	6.5
南小野田	7.1
南中川	8.3
目出	9.7
小野田	11.6

小野田線 (長門本山支線)

駅名	年 月 日 営業キロ
雀田	0.0
浜河内	1.3
長門本山	2.3

宇野線

駅名	年 月 日 営業キロ
岡山	0.0
大元	2.5
備前西市	4.5
妹尾	8.3
備中箕島	10.2
早島	11.9

駅名	営業キロ
久々原	13.2
茶屋町	14.9
彦崎	18.1
備前片岡	20.9
迫川	22.8
常山	24.1
八浜	26.6
備前田井	30.3
宇野	32.8

本四備讃線

駅名	年 月 日 営業キロ
茶屋町	0.0
植松	2.9
木見	5.6
上の町	9.7
児島	12.9
宇多津	31.0

予讃線

駅名	年 月 日 営業キロ
高松	0.0
香西	3.4
鬼無	6.1
端岡	9.5
国分	11.9
讃岐府中	14.2
鴨川	16.6
八十場	18.6
坂出	21.3
宇多津	25.9
丸亀	28.5
讃岐塩屋	30.1
多度津	32.7
海岸寺	36.5
津島ノ宮	39.5
詫間	42.0
みの	44.5
高瀬	47.0
比地大	50.0
本山	52.4
観音寺	56.5
豊浜	62.0
箕浦	66.4
川之江	72.2
伊予三島	77.6
伊予寒川	81.7
赤星	85.9
伊予土居	88.6
関川	92.2
多喜浜	99.4
新居浜	103.1
中萩	107.9
伊予西条	114.3
石鎚山	117.8
伊予氷見	120.3
伊予小松	121.6
玉之江	124.5
壬生川	126.8
伊予三芳	130.2
伊予桜井	137.8
伊予富田	141.6
今治	144.9
波止浜	149.6
波方	152.3
大西	156.4
伊予亀岡	161.9
菊間	165.9
浅海	170.6

駅名	営業キロ
大浦	173.8
伊予北条	176.9
柳原	179.1
粟井	180.3
光洋台	182.3
堀江	184.9
伊予和気	187.0
三津浜	190.7
松山	194.4
市坪	197.9
北伊予	200.3
南伊予	201.9
伊予横田	203.0
鳥ノ木	204.8
伊予市	206.0
向井原	208.5
高野川	213.9
伊予上灘	217.1
下灘	222.4
串	225.0
喜多灘	228.2
伊予長浜	233.1
伊予出石	235.9
伊予白滝	239.3
八多喜	241.7
春賀	243.4
五郎	245.7
伊予大洲	249.5
西大洲	251.6
伊予平野	253.5
千丈	260.6
八幡浜	262.8
双岩	267.5
伊予石城	272.4
上宇和	275.4
卯之町	277.4
下宇和	280.0
立間	286.6
伊予吉田	289.3
高光	293.9
北宇和島	296.1
宇和島	297.6

予讃線（向井原－内子）

	年	月	日

駅名	営業キロ
向井原	0.0
伊予大平	2.8
伊予中山	10.2
伊予立川	16.9
内子	23.5

予讃線（伊予大洲－新谷）

	年	月	日

駅名	営業キロ
伊予大洲	0.0
新谷	5.9

内子線

	年	月	日

駅名	営業キロ
新谷	0.0
喜多山	1.2
五十崎	3.7
内子	5.3

土讃線

	年	月	日

駅名	営業キロ
多度津	0.0
金蔵寺	3.7
善通寺	6.0
琴平	11.3
塩入	17.7
黒川	21.6
讃岐財田	23.9
坪尻	32.1
箸蔵	35.4
佃	38.8
阿波池田	43.9
三縄	47.8
祖谷口	52.3
阿波川口	55.1
小歩危	59.8
大歩危	65.5
土佐岩原	72.7
豊永	76.7
大田口	80.4
土佐穴内	83.2
大杉	87.2
土佐北川	93.3
角茂谷	95.5
繁藤	97.6
新改	103.9
土佐山田	111.3
山田西町	112.1
土佐長岡	114.1
後免	116.2
土佐大津	119.4
布師田	121.4
土佐一宮	122.7
薊野	124.4
高知	126.6
入明	127.9
円行寺口	128.7
旭	130.2
高知商業前	131.3
朝倉	132.7
枝川	136.2
伊野	138.0
波川	139.5
小村神社前	141.6
日下	143.7
岡花	145.7
土佐加茂	148.6
西佐川	152.4
佐川	154.2
襟野々	156.0
斗賀野	158.0
吾桑	163.4
多ノ郷	166.1
大間	167.0
須崎	168.7
土佐新荘	170.6
安和	173.6
土佐久礼	179.7
影野	190.4
六反地	192.2
仁井田	194.2
窪川	198.7

高徳線

	年	月	日

駅名	営業キロ
高松	0.0
昭和町	1.5
栗林公園北口	3.2
栗林	4.3
木太町	6.7
屋島	9.5
古高松南	10.8
八栗口	12.3
讃岐牟礼	13.4
志度	16.3
オレンジタウン	18.9
造田	21.3
神前	23.4
讃岐津田	27.7
鶴羽	30.4
丹生	34.4
三本松	37.6
讃岐白鳥	40.7
引田	45.1
讃岐相生	47.6
阿波大宮	53.2
板野	58.0
阿波川端	59.8
板東	62.1
池谷	64.2
勝瑞	66.9
吉成	68.2
佐古	73.1
徳島	74.5

鳴門線

	年	月	日

駅名	営業キロ
池谷	0.0
阿波大谷	1.3
立道	2.8
教会前	3.6
金比羅前	5.5
撫養	7.2
鳴門	8.5

牟岐線

	年	月	日

駅名	営業キロ
徳島	0.0
阿波富田	1.4
二軒屋	2.8
文化の森	3.9
地蔵橋	6.0
中田	9.2
南小松島	10.9
阿波赤石	14.2
立江	15.6
羽ノ浦	17.7
西原	19.8
阿波中島	21.8
阿南	24.5
見能林	26.4
阿波橘	28.6
桑野	32.6
新野	36.2
阿波福井	38.9
由岐	44.9
田井ノ浜	45.7
木岐	47.2
北河内	51.5
日和佐	53.3

山河内	58.4
辺川	64.3
牟岐	67.7
鯖瀬	72.0
浅川	75.4
阿波海南	77.8

徳島線

	年	月	日

駅名	営業キロ
佃	0.0
辻	1.5
阿波加茂	6.6
三加茂	8.7
江口	11.2
阿波半田	17.2
貞光	19.4
小島	24.6
穴吹	30.3
川田	34.4
阿波山川	37.7
山瀬	39.9
学	42.7
阿波川島	46.2
西麻植	48.1
鴨島	50.0
麻植塚	51.8
牛島	53.8
下浦	56.3
石井	58.6
府中	62.3
鮎喰	64.5
蔵本	65.6
佐古	67.5

予土線

	年	月	日

駅名	営業キロ
若井	0.0
家地川	5.8
打井川	10.7
土佐大正	17.6
土佐昭和	26.5
十川	31.0
半家	38.9
江川崎	42.7
西ケ方	45.4
真土	51.3
吉野生	53.0
松丸	55.3
出目	58.8
近永	60.4
深田	62.5
大内	65.4
二名	66.9
伊予宮野下	69.1
務田	70.0
北宇和島	76.3

山陰本線

	年	月	日

駅名	営業キロ
京都	0.0
梅小路京都西	1.7
丹波口	2.5
二条	4.2
円町	5.8
花園	6.9
太秦	8.6
嵯峨嵐山	10.3

保津峡	14.3
馬堀	18.1
亀岡	20.2
並河	23.4
千代川	25.2
八木	28.2
吉富	32.3
園部	34.2
船岡	38.2
日吉	41.9
鍼灸大学前	44.3
胡麻	47.1
下山	51.9
和知	58.6
安栖里	60.7
立木	65.5
山家	69.0
綾部	76.2
高津	80.3
石原	82.8
福知山	88.5
上川口	95.2
下夜久野	102.4
上夜久野	109.8
梁瀬	115.6
和田山	119.0
養父	124.2
八鹿	131.2
江原	138.7
国府	142.4
豊岡	148.4
玄武洞	153.7
城崎温泉	158.0
竹野	166.0
佐津	173.4
柴山	175.7
香住	180.0
鎧	185.4
餘部	187.2
久谷	191.8
浜坂	197.9
諸寄	199.8
居組	204.2
東浜	207.5
岩美	211.9
大岩	214.8
福部	219.1
鳥取	230.3
湖山	234.5
鳥取大学前	235.8
末恒	239.6
宝木	244.7
浜村	247.6
青谷	252.8
泊	258.9
松崎	264.6
倉吉	270.1
下北条	275.2
由良	280.1
浦安	285.8
八橋	287.6
赤碕	291.3
中山口	295.5
下市	297.7
御来屋	303.6
名和	304.7
大山口	308.8
淀江	312.7
伯耆大山	318.2
東山公園	321.2
米子	323.0
安来	331.8
荒島	336.6

駅名	営業キロ
揖屋	342.2
東松江	345.3
松江	351.9
乃木	354.6
玉造温泉	358.5
来待	364.5
宍道	368.9
荘原	373.0
直江	379.1
出雲市	384.6
西出雲	389.4
出雲神西	391.4
江南	393.5
小田	400.1
田儀	404.0
波根	411.5
久手	413.7
大田市	417.2
静間	420.2
五十猛	422.8
仁万	428.9
馬路	431.9
湯里	434.8
温泉津	437.9
石見福光	440.8
黒松	443.6
浅利	448.0
江津	454.3
都野津	458.7
敬川	460.5
波子	463.3
久代	465.6
下府	469.7
浜田	473.3
西浜田	478.7
周布	482.8
折居	487.6
三保三隅	492.6
岡見	497.6
鎌手	502.7
石見津田	507.2
益田	514.5
戸田小浜	524.3
飯浦	528.0
江崎	533.8
須佐	540.4
宇田郷	549.2
木与	555.6
奈古	560.2
長門大井	564.5
越ケ浜	569.1
東萩	572.0
萩	575.8
玉江	578.2
三見	583.9
飯井	588.1
長門三隅	594.5
長門市	599.6
黄波戸	604.9
長門古市	609.0
人丸	613.5
伊上	617.9
長門粟野	622.1
阿川	627.4
特牛	631.1
滝部	635.1
長門二見	639.9
宇賀本郷	643.5
湯玉	645.7
小串	650.2
川棚温泉	652.9
黒井村	655.4
梅ケ峠	658.8
吉見	662.7
福江	665.6
安岡	668.2
梶栗郷台地	669.6
綾羅木	670.7
幡生	673.8

山陰本線 (仙崎支線)

年　　月　　日

駅名	営業キロ
長門市	0.0
仙崎	2.2

舞鶴線

年　　月　　日

駅名	営業キロ
綾部	0.0
淵垣	5.3
梅迫	8.2
真倉	15.5
西舞鶴	19.5
東舞鶴	26.4

小浜線

年　　月　　日

駅名	営業キロ
敦賀	0.0
西敦賀	3.3
粟野	7.7
東美浜	12.7
美浜	17.9
気山	21.4
三方	24.7
藤井	27.3
十村	29.3
大鳥羽	33.3
若狭有田	35.4
上中	38.8
新平野	43.3
東小浜	46.2
小浜	49.5
勢浜	53.2
加斗	57.2
若狭本郷	61.8
若狭和田	65.7
若狭高浜	68.9
三松	71.4
青郷	73.5
松尾寺	78.2
東舞鶴	84.3

播但線

年　　月　　日

駅名	営業キロ
姫路	0.0
京口	1.7
野里	4.3
砥堀	6.0
仁豊野	8.2
香呂	11.2
溝口	13.2
福崎	17.1
甘地	20.6
鶴居	24.5
新野	27.7
寺前	29.6
長谷	35.9
生野	43.6
新井	51.9
青倉	55.6
竹田	59.9
和田山	65.7

木次線

年　　月　　日

駅名	営業キロ
宍道	0.0
南宍道	3.6
加茂中	8.7
幡屋	11.8
出雲大東	13.9
南大東	17.5
木次	21.1
日登	24.8
下久野	31.5
出雲八代	37.4
出雲三成	41.5
亀嵩	45.9
出雲横田	52.3
八川	56.3
出雲坂根	63.3
三井野原	69.7
油木	75.3
備後落合	81.9

福知山線

年　　月　　日

駅名	営業キロ
尼崎	0.0
塚口	2.5
猪名寺	3.9
伊丹	5.8
北伊丹	7.9
川西池田	11.0
中山寺	14.5
宝塚	17.8
生瀬	19.7
西宮名塩	21.9
武田尾	25.1
道場	30.1
三田	33.7
新三田	36.9
広野	39.7
相野	44.0
藍本	48.2
草野	50.5
古市	53.5
南矢代	56.1
篠山口	58.4
丹波大山	60.7
下滝	68.7
谷川	73.0
柏原	80.0
石生	83.2
黒井	87.5
市島	94.0
丹波竹田	98.2
福知山	106.5

境線

年　　月　　日

駅名	営業キロ
米子	0.0
博労町	1.0
富士見町	1.5
後藤	2.2
三本松口	3.3
河崎口	5.3
弓ケ浜	7.2
和田浜	9.7
大篠津町	11.1
米子空港	12.7
中浜	13.2
高松町	14.3
余子	15.0
上道	16.3
馬場崎町	17.2
境港	17.9

鹿児島本線

年　　月　　日

駅名	営業キロ
門司港	0.0
小森江	4.0
門司	5.5
小倉	11.0
西小倉	11.8
九州工大前	15.3
戸畑	17.2
枝光	20.0
スペースワールド	21.1
八幡	22.2
黒崎	24.9
陣原	27.1
折尾	30.1
水巻	32.2
遠賀川	34.3
海老津	39.4
教育大前	44.6
赤間	46.5
東郷	50.7
東福間	53.9
福間	56.6
千鳥	58.5
古賀	60.6
ししぶ	62.0
新宮中央	63.4
福工大前	65.1
九産大前	68.1
香椎	69.8
千早	71.0
箱崎	75.0
吉塚	76.4
博多	78.2
竹下	80.9
笹原	83.3
南福岡	84.9
春日	86.1
大野城	87.4
水城	88.8
都府楼南	91.0
二日市	92.4
天拝山	94.3
原田	97.9
けやき台	99.9
基山	101.4
弥生が丘	103.5
田代	105.6
鳥栖	106.8
肥前旭	110.4
久留米	113.9
荒木	118.8
西牟田	122.6
羽犬塚	126.1
筑後船小屋	129.7
瀬高	132.2
南瀬高	135.2
渡瀬	139.1
吉野	141.9
銀水	144.3
大牟田	147.5
荒尾	151.6
南荒尾	154.8
長洲	159.4
大野下	164.1
玉名	168.6
肥後伊倉	172.8
木葉	176.7
田原坂	180.2
植木	184.6
西里	188.8
崇城大学前	191.7
上熊本	193.3
熊本	196.6
西熊本	199.8
川尻	201.9
富合	205.3
宇土	207.5
松橋	212.3
小川	218.5
有佐	223.5
千丁	227.6
新八代	229.5
八代	232.3

鹿児島本線 (川内ー鹿児島)

年　　月　　日

駅名	営業キロ
川内	0.0
隈之城	2.6
木場茶屋	5.7
串木野	12.0
神村学園前	14.2
市来	16.6
湯之元	20.4
東市来	22.9
伊集院	28.8
薩摩松元	34.1
上伊集院	36.5
広木	41.5
鹿児島中央	46.1
鹿児島	49.3

長崎本線

年　　月　　日

駅名	営業キロ
鳥栖	0.0
新鳥栖	2.9
肥前麓	4.2
中原	8.5
吉野ケ里公園	13.1
神埼	15.7
伊賀屋	20.2
佐賀	25.0
鍋島	28.0
バルーンさが	29.8
久保田	31.4
牛津	34.2
江北	39.6
肥前白石	44.7
肥前竜王	49.4
肥前鹿島	54.6
肥前浜	57.6
肥前七浦	61.5
肥前飯田	63.6
多良	67.7
肥前大浦	75.6
小長井	82.3
長里	84.7
湯江	87.6

駅名	営業キロ
小江	90.9
肥前長田	95.6
東諫早	97.8
諫早	100.4
西諫早	103.2
喜々津	106.9
市布	109.4
肥前古賀	112.3
現川	114.8
浦上	123.7
長崎	125.3

長崎本線（長与経由）
年 月 日

駅名	営業キロ
喜々津	0.0
東園	3.5
大草	7.2
本川内	12.3
長与	15.4
高田	16.4
道ノ尾	18.9
西浦上	20.6
浦上	23.5

佐世保線
年 月 日

駅名	営業キロ
肥前山口	0.0
大町	5.1
北方	7.4
高橋	11.4
武雄温泉	13.7
永尾	18.3
三間坂	21.5
上有田	25.7
有田	28.2
三河内	35.7
早岐	39.9
大塔	42.6
日宇	45.5
佐世保	48.8

筑肥線（姪浜ー唐津）
年 月 日

駅名	営業キロ
姪浜	0.0
下山門	1.6
今宿	5.2
九大学研都市	6.5
周船寺	8.1
波多江	10.1
糸島高校前	11.3
筑前前原	12.7
美咲が丘	14.3
加布里	15.4
一貴山	16.7
筑前深江	20.1
大入	23.3
福吉	26.1
鹿家	30.2
浜崎	35.4
虹ノ松原	37.5
東唐津	39.3
和多田	40.9
唐津	42.6

筑肥線（山本ー伊万里）
年 月 日

駅名	営業キロ
山本	0.0
肥前久保	5.1
西相知	6.6
佐里	8.2
駒鳴	11.0
大川野	12.9
肥前長野	14.3
桃川	17.4
金石原	19.7
上伊万里	24.1
伊万里	25.7

大村線
年 月 日

駅名	営業キロ
早岐	0.0
ハウステンボス	4.7
南風崎	5.6
小串郷	9.6
川棚	13.6
彼杵	19.6
千綿	24.0
松原	28.5
大村車両基地	31.1
竹松	32.8
新大村	33.7
諏訪	34.8
大村	36.2
岩松	40.0
諫早	47.6

香椎線
年 月 日

駅名	営業キロ
西戸崎	0.0
海ノ中道	2.1
雁ノ巣	6.5
奈多	7.4
和白	9.2
香椎	12.9
香椎神宮	14.2
舞松原	14.8
土井	16.4
伊賀	18.2
長者原	19.2
酒殿	20.6
須恵	21.9
須恵中央	23.1
新原	24.1
宇美	25.4

唐津線
年 月 日

駅名	営業キロ
久保田	0.0
小城	5.1
東多久	10.6
中多久	13.6
多久	15.2
厳木	20.8
岩屋	23.3
相知	26.0
本牟田部	30.1
山本	32.9
鬼塚	36.6
唐津	40.3
西唐津	42.5

豊肥本線
年 月 日

駅名	営業キロ
熊本	0.0
平成	2.7
南熊本	3.6
新水前寺	5.2
水前寺	5.8
東海学園前	7.8
竜田口	8.9
武蔵塚	12.9
光の森	14.8
三里木	15.8
原水	18.9
肥後大津	22.6
瀬田	27.2
立野	32.3
赤水	40.2
市ノ川	42.6
内牧	46.4
阿蘇	49.9
いこいの村	51.2
宮地	53.4
波野	64.1
滝水	69.0
豊後荻	75.2
玉来	84.9
豊後竹田	88.0
朝地	93.9
緒方	100.3
豊後清川	105.4
三重町	111.9
菅尾	117.3
犬飼	125.2
竹中	130.8
中判田	136.3
大分大学前	138.8
敷戸	140.2
滝尾	142.9
大分	148.0

久大本線
年 月 日

駅名	営業キロ
久留米	0.0
久留米高校前	3.4
南久留米	4.9
久留米大学前	6.8
御井	8.0
善導寺	12.6
筑後草野	15.7
田主丸	20.6
筑後吉井	26.4
うきは	30.0
筑後大石	33.0
夜明	39.1
光岡	45.2
日田	47.6
豊後三芳	49.4
豊後中川	55.3
天ケ瀬	59.5
杉河内	63.6
北山田	67.8
豊後森	73.2
恵良	77.3
引治	80.7
豊後中村	83.1
野矢	88.2
由布院	99.1
南由布	102.5
湯平	109.6
庄内	114.5
天神山	118.1
小野屋	119.6
鬼瀬	124.6
向之原	127.7
豊後国分	131.7
賀来	133.9
南大分	136.6
古国府	138.9
大分	141.5

三角線
年 月 日

駅名	営業キロ
宇土	0.0
緑川	4.0
住吉	7.2
肥後長浜	11.4
網田	14.5
赤瀬	18.4
石打ダム	19.6
波多浦	23.5
三角	25.6

日田彦山線
年 月 日

駅名	営業キロ
城野	0.0
石田	3.0
志井公園	5.1
志井	6.8
石原町	9.0
呼野	12.3
採銅所	18.1
香春	23.4
一本松	25.0
田川伊田	27.4
田川後藤寺	30.0
池尻	32.4
豊前川崎	34.7
西添田	38.3
添田	39.5

日田彦山線 BRT
年 月 日

駅名	営業キロ
添田	0.0
畑川（医院前）	0.5
塚原	1.0
野田	1.5
歓遊舎ひこさん	2.1
貴船橋	2.8
豊前桝田	3.7
柳原	4.7
下落合	5.4
屋形原	5.8
旧英彦中学校前	6.7
彦山	7.7
深倉	10.3
筑前岩屋	15.6
大行司	19.8
宝珠山	21.8
吉竹	22.1
竹本	22.5
名本	23.0
大鶴	23.4
大明小中学校前	23.7
方司口	24.3
伏尾	24.9
今山	25.9
釘原	26.1
小鶴	26.6
上村	27.6
祝原	28.3
夜明	29.2
北友田	33.4
南友田	34.3
光岡	35.3
林工西口	ー
昭和学園前	ー
日田市役所前	ー
日田	37.7

筑豊本線
年 月 日

駅名	営業キロ
若松	0.0
藤ノ木	2.9
奥洞海	4.6
二島	6.3
本城	9.3
折尾	10.8
東水巻	13.5
中間	14.9
筑前垣生	16.4
鞍手	18.7
筑前植木	21.2
新入	22.8
直方	24.8
勝野	27.5
小竹	31.3
鯰田	34.7
浦田	36.2
新飯塚	37.6
飯塚	39.4
天道	42.3
桂川	45.3
上穂波	48.1
筑前内野	51.2
筑前山家	61.4
原田	66.1

篠栗線
年 月 日

駅名	営業キロ
桂川	0.0
筑前大分	3.2
九郎原	5.2
城戸南蔵院前	10.2
筑前山手	11.7
篠栗	14.8
門松	17.4
長者原	19.4
原町	20.1
柚須	22.6
吉塚	25.1

後藤寺線
年 月 日

駅名	営業キロ
新飯塚	0.0
上三緒	3.1
下鴨生	5.0
筑前庄内	6.2
船尾	9.9
田川後藤寺	13.3

日豊本線

駅名	営業キロ
小倉	0.0
西小倉	0.8
南小倉	3.5
城野	6.1
安部山公園	8.4
下曽根	11.6
朽網	15.0
苅田	18.6
小波瀬西工大前	22.2
行橋	25.0
南行橋	26.8
新田原	30.2
築城	33.9
椎田	36.9
豊前松江	41.8
宇島	45.2
三毛門	48.0
吉富	50.0
中津	51.8
東中津	56.7
今津	60.1
天津	62.5
豊前善光寺	65.5
柳ケ浦	69.1
豊前長洲	71.0
宇佐	75.8
西屋敷	79.4
立石	85.2
中山香	90.4
杵築	99.2
大神	103.3
日出	107.2
暘谷	108.4
豊後豊岡	111.3
亀川	114.9
別府大学	117.0
別府	120.8
東別府	122.8
西大分	130.4
大分	132.9
牧	136.2
高城	138.0
鶴崎	141.0
大在	144.3
坂ノ市	147.4
幸崎	151.8
佐志生	159.0
下ノ江	161.1
熊崎	164.7
上臼杵	167.6
臼杵	169.2
津久見	178.9
日代	184.0
浅海井	188.2
狩生	192.0
海崎	194.8
佐伯	197.8
上岡	202.4
直見	208.8
直川	213.6
重岡	224.2
宗太郎	231.0
市棚	238.5
北川	243.2
日向長井	246.7
北延岡	251.3
延岡	256.2
南延岡	259.6
旭ケ丘	263.1
土々呂	265.7
門川	270.0
日向市	276.7
財光寺	278.9
南日向	283.1
美々津	289.7
東都農	294.1
都農	298.7
川南	305.6
高鍋	313.6
日向新富	320.0
佐土原	326.7
日向住吉	330.9
蓮ケ池	334.7
宮崎神宮	337.4
宮崎	339.9
南宮崎	342.5
加納	345.1
清武	347.8
日向沓掛	352.5
田野	358.0
青井岳	369.3
山之口	379.1
餅原	382.0
三股	385.6
都城	389.9
西都城	392.4
五十市	395.2
財部	399.4
北俣	403.0
大隅大川原	408.1
北永野田	413.4
霧島神宮	419.4
国分	432.1
隼人	434.7
加治木	441.6
錦江	443.3
帖佐	445.5
姶良	447.1
重富	448.7
竜ケ水	455.7
鹿児島	462.6

宮崎空港線

駅名	営業キロ
田吉	0.0
宮崎空港	1.4

日南線

駅名	営業キロ
南宮崎	0.0
田吉	2.0
南方	4.2
木花	7.5
運動公園	9.0
曽山寺	10.2
子供の国	11.4
青島	12.7
折生迫	13.8
内海	17.5
小内海	19.9
伊比井	23.3
北郷	32.5
内之田	37.1
飫肥	39.8
日南	43.8
油津	46.0
大堂津	50.3
南郷	53.0

肥薩線

駅名	営業キロ
谷之口	56.1
榎原	60.5
日向大束	68.6
日向北方	71.8
串間	74.4
福島今町	77.2
福島高松	79.6
大隅夏井	84.5
志布志	88.9

駅名	営業キロ
八代	0.0
段	5.2
坂本	11.0
葉木	14.4
鎌瀬	16.8
瀬戸石	19.6
海路	23.5
吉尾	26.7
白石	29.8
球泉洞	34.9
一勝地	39.8
那良口	42.4
渡	45.3
西人吉	48.4
人吉	51.8
大畑	62.2
矢岳	71.7
真幸	79.0
吉松	86.8
栗野	94.3
大隅横川	100.8
植村	102.8
霧島温泉	106.5
嘉例川	112.3
中福良	114.4
表木山	116.8
日当山	121.6
隼人	124.2

指宿枕崎線

駅名	営業キロ
鹿児島中央	0.0
郡元	2.2
南鹿児島	3.5
宇宿	4.9
谷山	7.5
慈眼寺	9.2
坂之上	11.3
五位野	14.1
平川	17.2
瀬々串	20.6
中名	24.0
喜入	26.6
前之浜	30.4
生見	35.0
薩摩今和泉	37.9
宮ケ浜	40.7
二月田	43.4
指宿	45.7
山川	50.0
大山	54.2
西大山	56.7
薩摩川尻	57.8
東開聞	59.6
開聞	61.0
入野	62.8
頴娃	66.1
西頴娃	67.7
御領	70.4
石垣	72.8
水成川	74.2
頴娃大川	76.0
松ケ浦	78.1
薩摩塩屋	79.9
白沢	81.9
薩摩板敷	84.4
枕崎	87.8

吉都線

駅名	営業キロ
都城	0.0
日向庄内	4.1
谷頭	7.1
万ケ塚	10.6
東高崎	13.5
高崎新田	17.8
日向前田	22.2
高原	26.8
広原	30.8
小林	34.8
西小林	41.0
えびの飯野	46.6
えびの上江	48.6
えびの	52.0
京町温泉	56.6
鶴丸	59.0
吉松	61.6

湖西線

駅名	営業キロ
山科	0.0
大津京	5.4
唐崎	8.5
比叡山坂本	11.1
おごと温泉	14.5
堅田	17.7
小野	19.8
和邇	22.5
蓬莱	24.9
志賀	27.3
比良	30.0
近江舞子	32.2
北小松	34.5
近江高島	40.9
安曇川	45.0
新旭	48.3
近江今津	53.2
近江中庄	58.0
マキノ	61.2
永原	68.3
近江塩津	74.1

北陸本線

駅名	営業キロ
米原	0.0
坂田	2.4
田村	4.7
長浜	7.7
虎姫	12.8
河毛	15.6
高月	18.2
木ノ本	22.4
余呉	26.5
近江塩津	31.4
新疋田	39.2
敦賀	45.9

七尾線

駅名	営業キロ
津幡	0.0
中津幡	1.8
本津幡	2.9
能瀬	5.1
宇野気	8.8
横山	11.8
高松	14.4
免田	17.8
宝達	20.9
敷浪	24.2
南羽咋	26.7
羽咋	29.7
千路	33.8
金丸	37.5
能登部	41.1
良川	43.9
能登二宮	46.1
徳田	48.9
七尾	54.4
和倉温泉	59.5

越美北線

駅名	営業キロ
越前花堂	0.0
六条	2.3
足羽	3.7
越前東郷	5.7
一乗谷	8.3
越前高田	11.4
市波	12.6
小和清水	14.6
美山	17.5
越前薬師	19.5
越前大宮	22.2
計石	24.4
牛ケ原	27.6
北大野	29.4
越前大野	31.4
越前田野	34.3
越前富田	35.7
下唯野	38.8
柿ケ島	39.8
勝原	42.3
越前下山	48.8
九頭竜湖	52.5

氷見線

駅名	営業キロ
高岡	0.0
越中中川	1.7
能町	4.1
伏木	7.3
越中国分	10.9
雨晴	10.9
島尾	13.5
氷見	16.5

城端線

駅名	営業キロ	年	月	日
高岡	0.0			
新高岡	1.8			
二塚	3.3			
林	4.6			
戸出	7.3			
油田	10.7			
砺波	13.3			
東野尻	15.5			
高儀	17.0			
福野	19.4			
東石黒	22.0			
福光	24.7			
越中山田	27.5			
城端	29.9			

飯山線

駅名	営業キロ	年	月	日
豊野	0.0			
信濃浅野	2.2			
立ケ花	3.9			
上今井	6.9			
替佐	8.8			
蓮	14.6			
飯山	19.2			
北飯山	20.5			
信濃平	23.8			
戸狩野沢温泉	27.5			
上境	31.1			
上桑名川	35.4			
桑名川	37.6			
西大滝	39.7			
信濃白鳥	41.8			
平滝	44.7			
横倉	46.6			
森宮野原	49.7			
足滝	52.5			
越後田中	54.9			
津南	57.9			
越後鹿渡	62.1			
越後田沢	64.5			
越後水沢	67.5			
土市	70.4			
十日町	75.3			
魚沼中条	78.4			
下条	84.8			
越後岩沢	88.1			
内ケ巻	93.2			
越後川口	96.7			

信越本線（直江津ー新潟）

駅名	営業キロ	年	月	日
直江津	0.0			
黒井	2.7			
犀潟	7.1			
土底浜	9.4			
潟町	11.2			
上下浜	14.0			
柿崎	17.6			
米山	23.5			
笠島	27.4			
青海川	29.6			
鯨波	32.6			
柏崎	36.3			
茨目	39.3			
安田	42.2			
北条	44.8			
越後広田	48.1			
長鳥	50.8			
塚山	55.8			
越後岩塚	60.5			
来迎寺	63.3			
前川	67.4			
宮内	70.0			
長岡	73.0			
北長岡	75.5			
押切	79.9			
見附	84.4			
帯織	88.5			
東光寺	91.1			
三条	94.6			
東三条	96.2			
保内	100.0			
加茂	103.8			
羽生田	107.9			
田上	111.1			
矢代田	114.8			
古津	117.9			
新津	120.3			
さつき野	122.6			
荻川	124.9			
亀田	129.8			
越後石山	132.2			
新潟	136.3			

弥彦線

駅名	営業キロ	年	月	日
弥彦	0.0			
矢作	2.3			
吉田	4.9			
西燕	8.0			
燕	10.3			
燕三条	12.9			
北三条	15.4			
東三条	17.4			

越後線

駅名	営業キロ	年	月	日
柏崎	0.0			
東柏崎	1.6			
西中通	5.0			
荒浜	6.6			
刈羽	9.9			
西山	12.8			
礼拝	15.0			
石地	18.7			
小木ノ城	22.7			
出雲崎	24.8			
妙法寺	29.4			
小島谷	32.4			
桐原	36.2			
寺泊	39.0			
分水	41.5			
粟生津	45.8			
南吉田	47.8			
吉田	49.8			
北吉田	51.7			
岩室	53.8			
巻	57.8			
越後曽根	62.4			
越後赤塚	64.9			
内野西が丘	68.7			
内野	70.3			
新潟大学前	72.3			
寺尾	74.4			
小針	76.3			
青山	77.7			
関屋	79.2			
白山	80.7			
新潟	83.8			

高山本線

駅名	営業キロ	年	月	日
岐阜	0.0			
長森	4.2			
那加	7.2			
蘇原	10.4			
各務ケ原	13.2			
鵜沼	17.3			
坂祝	22.5			
美濃太田	27.3			
古井	30.3			
中川辺	34.1			
下麻生	37.9			
上麻生	43.2			
白川口	53.1			
下油井	61.7			
飛騨金山	66.7			
焼石	75.7			
下呂	88.3			
禅昌寺	93.5			
飛騨萩原	96.7			
上呂	100.8			
飛騨宮田	105.4			
飛騨小坂	108.8			
渚	115.9			
久々野	123.2			
飛騨一ノ宮	129.5			
高山	136.4			
上枝	141.0			
飛騨国府	147.6			
飛騨古川	151.3			
杉崎	153.6			
飛騨細江	156.0			
角川	161.7			
坂上	166.6			
打保	176.5			
杉原	180.5			
猪谷	189.2			
楡原	196.2			
笹津	200.5			
東八尾	205.0			
越中八尾	208.7			
千里	213.6			
速星	217.9			
婦中鵜坂	219.6			
西富山	222.2			
富山	225.8			

太多線

駅名	営業キロ	年	月	日
多治見	0.0			
小泉	3.2			
根本	4.8			
姫	7.9			
下切	9.4			
可児	12.8			
美濃川合	15.4			
美濃太田	17.8			

中央本線（神田ー代々木）

駅名	営業キロ	年	月	日
神田	0.0			
御茶ノ水	1.3			
水道橋	2.1			
飯田橋	3.0			
市ケ谷	4.5			
四ツ谷	5.3			
信濃町	6.6			
千駄ケ谷	7.3			
代々木	8.3			

中央本線（新宿ー名古屋）

駅名	営業キロ	年	月	日
新宿	0.0			
大久保	1.4			
東中野	2.5			
中野	4.4			
高円寺	5.8			
阿佐ケ谷	7.0			
荻窪	8.4			
西荻窪	10.3			
吉祥寺	12.2			
三鷹	13.8			
武蔵境	15.4			
東小金井	17.1			
武蔵小金井	18.8			
国分寺	21.1			
西国分寺	22.5			
国立	24.2			
立川	27.2			
日野	30.5			
豊田	32.8			
八王子	37.1			
西八王子	39.5			
高尾	42.8			
相模湖	52.3			
藤野	56.0			
上野原	59.5			
四方津	63.7			
梁川	67.3			
鳥沢	70.9			
猿橋	75.0			
大月	77.5			
初狩	83.6			
笹子	90.1			
甲斐大和	96.2			
勝沼ぶどう郷	102.2			
塩山	106.6			
東山梨	109.8			
山梨市	111.9			
春日居町	114.7			
石和温泉	117.5			
酒折	120.9			
甲府	123.8			
竜王	128.3			
塩崎	132.4			
韮崎	136.7			
新府	140.9			
穴山	144.4			
日野春	149.8			
長坂	156.0			
小淵沢	163.4			
信濃境	167.9			
富士見	172.6			
すずらんの里	175.8			
青柳	177.7			
茅野	184.9			
上諏訪	191.6			
下諏訪	196.0			
岡谷	200.1			
みどり湖	207.9			
塩尻	211.8			
洗馬	216.0			
日出塩	220.7			
贄川	225.9			
木曽平沢	231.1			
奈良井	232.9			
藪原	239.5			
宮ノ越	245.2			
原野	248.0			
木曽福島	253.0			
上松	260.0			
倉本	267.0			
須原	272.2			
大桑	275.5			
野尻	278.5			
十二兼	282.2			
南木曽	287.7			
田立	294.0			
坂下	296.8			
落合川	302.9			
中津川	306.7			
美乃坂本	313.1			
恵那	318.3			
武並	323.7			
釜戸	329.1			
瑞浪	336.5			
土岐市	343.4			
多治見	350.4			
古虎渓	355.0			
定光寺	358.5			
高蔵寺	362.6			
神領	365.8			
春日井	368.5			
勝川	371.6			
新守山	374.3			
大曽根	376.8			
千種	379.5			
鶴舞	381.0			
金山	383.3			
名古屋	386.6			

中央本線（辰野経由）

駅名	営業キロ	年	月	日
岡谷	0.0			
川岸	3.5			
辰野	9.5			
信濃川島	13.8			
小野	17.8			
塩尻	27.7			

篠ノ井線

駅名	営業キロ	年	月	日
塩尻	0.0			
広丘	3.8			
村井	6.8			
平田	8.8			
南松本	10.9			
松本	13.3			
田沢	21.6			
明科	28.2			
西条	37.2			
坂北	40.9			
聖高原	45.0			

冠着	48.3
姨捨	54.2
稲荷山	62.9
篠ノ井	66.7

小海線
年　　　月　　　日

駅名	営業キロ
小淵沢	0.0
甲斐小泉	7.1
甲斐大泉	12.2
清里	17.5
野辺山	23.4
信濃川上	31.5
佐久広瀬	34.9
佐久海ノ口	39.4
海尻	42.1
松原湖	44.8
小海	48.3
馬流	49.9
高岩	51.7
八千穂	53.9
海瀬	56.5
羽黒下	57.8
青沼	59.5
臼田	60.9
龍岡城	62.1
太田部	64.1
中込	65.5
滑津	66.5
北中込	68.4
岩村田	70.6
佐久平	71.5
中佐都	72.4
美里	73.8
三岡	75.3
乙女	76.4
東小諸	77.4
小諸	78.9

八高線
年　　　月　　　日

駅名	営業キロ
八王子	0.0
北八王子	3.1
小宮	5.1
拝島	9.9
東福生	12.7
箱根ケ崎	15.7
金子	20.5
東飯能	25.6
高麗川	31.1
毛呂	36.9
越生	39.6
明覚	44.8
小川町	52.8
竹沢	56.3
折原	60.3
寄居	63.9
用土	68.4
松久	71.1
児玉	75.9
丹荘	80.0
群馬藤岡	84.7
北藤岡	88.4
倉賀野	92.0

相模線
年　　　月　　　日

駅名	営業キロ
茅ケ崎	0.0
北茅ケ崎	1.3
香川	3.4
寒川	5.1
宮山	7.2
倉見	8.6
門沢橋	10.0
社家	11.6
厚木	14.2
海老名	15.9
入谷	18.9
相武台下	20.6
下溝	23.5
原当麻	24.8
番田	26.9
上溝	28.4
南橋本	31.3
橋本	33.3

大糸線
年　　　月　　　日

駅名	営業キロ
松本	0.0
北松本	0.7
島内	2.6
島高松	3.8
梓橋	5.2
一日市場	6.8
中萱	8.4
南豊科	10.4
豊科	11.4
柏矢町	14.2
穂高	16.2
有明	18.4
安曇追分	19.9
細野	22.8
北細野	23.8
信濃松川	26.0
安曇沓掛	28.6
信濃常盤	30.9
南大町	34.0
信濃大町	35.1
北大町	37.2
信濃木崎	39.4
稲尾	41.6
海ノ口	42.9
簗場	46.3
南神城	52.8
神城	55.2
飯森	56.7
白馬	59.7
信濃森上	61.6
白馬大池	65.4
千国	68.7
南小谷	70.1
中土	74.1
北小谷	78.5
平岩	85.0
小滝	91.8
根知	95.4
頸城大野	100.3
姫川	102.2
糸魚川	105.4

高崎線
年　　　月　　　日

駅名	営業キロ
大宮	0.0
宮原	4.0
上尾	8.2
北上尾	9.9
桶川	11.8
北本	16.4
鴻巣	20.0
北鴻巣	24.3
吹上	27.3
行田	29.6
熊谷	34.4
籠原	41.0
深谷	45.8
岡部	50.1
本庄	55.7
神保原	59.7
新町	64.2
倉賀野	70.3
高崎	74.7

上越線
年　　　月　　　日

駅名	営業キロ
高崎	0.0
高崎問屋町	2.8
井野	4.0
新前橋	7.3
群馬総社	12.1
八木原	17.7
渋川	21.1
敷島	27.5
津久田	30.5
岩本	36.3
沼田	41.4
後閑	46.6
上牧	53.7
水上	59.1
湯檜曽	62.7
土合	69.3
土樽	80.1
越後中里	87.4
岩原スキー場前	91.1
越後湯沢	94.2
石打	100.6
大沢	104.6
上越国際スキー場前	105.6
塩沢	107.9
六日町	111.8
五日町	118.4
浦佐	123.9
八色	127.0
小出	132.2
越後堀之内	134.7
北堀之内	138.1
越後川口	142.8
小千谷	149.4
越後滝谷	156.6
宮内	162.6

両毛線
年　　　月　　　日

駅名	営業キロ
小山	0.0
思川	5.4
栃木	10.8
大平下	15.2
岩舟	19.3
佐野	26.6
富田	31.1
あしかがフラワーパーク	32.0
足利	38.2
山前	42.7
小俣	47.3
桐生	52.9
岩宿	56.9
国定	63.3
伊勢崎	69.1
駒形	74.9
前橋大島	78.1
前橋	81.9
新前橋	84.4

吾妻線
年　　　月　　　日

駅名	営業キロ
渋川	0.0
金島	5.5
祖母島	7.7
小野上	11.9
小野上温泉	13.7
市城	16.4
中之条	19.8
群馬原町	22.9
郷原	26.3
矢倉	28.0
岩島	30.5
川原湯温泉	37.0
長野原草津口	42.0
群馬大津	44.2
羽根尾	46.4
袋倉	49.3
万座・鹿沢口	52.2
大前	55.3

信越本線
（高崎-横川）
年　　　月　　　日

駅名	営業キロ
高崎	0.0
北高崎	2.4
群馬八幡	6.4
安中	10.6
磯部	17.6
松井田	22.7
西松井田	23.9
横川	29.7

信越本線
（篠ノ井-長野）
年　　　月　　　日

駅名	営業キロ
篠ノ井	0.0
今井	2.1
川中島	4.3
安茂里	6.4
長野	9.3

東北本線
年　　　月　　　日

駅名	営業キロ
東京	0.0
神田	1.3
秋葉原	2.0
御徒町	3.0
上野	3.6
鶯谷	4.7
日暮里	5.8
西日暮里	6.3
田端	7.1
上中里	8.8
王子	9.9
東十条	11.4
赤羽	13.2
川口	15.8
西川口	17.8
蕨	19.7
南浦和	22.5
浦和	24.2
北浦和	26.0
与野	27.6
さいたま新都心	28.7
大宮	30.3
土呂	33.3
東大宮	35.4
蓮田	39.2
白岡	43.5
新白岡	45.9
久喜	48.9
東鷲宮	51.6
栗橋	57.2
古河	64.7
野木	69.4
間々田	73.3
小山	80.6
小金井	88.1
自治医大	90.7
石橋	95.4
雀宮	101.8
宇都宮	109.5
岡本	115.7
宝積寺	121.2
氏家	127.1
蒲須坂	131.6
片岡	135.5
矢板	141.8
野崎	146.6
西那須野	151.8
那須塩原	157.8
黒磯	163.3
高久	167.3
黒田原	171.5
豊原	176.7
白坂	182.0
新白河	185.4
白河	188.2
久田野	192.9
泉崎	197.4
矢吹	203.4
鏡石	208.8
須賀川	215.1
安積永盛	221.8
郡山	226.7
日和田	232.4
五百川	236.9
本宮	240.7
杉田	246.6
二本松	250.3
安達	254.5
松川	259.5
金谷川	264.0
南福島	269.4
福島	272.8
東福島	278.8
伊達	281.9
桑折	285.9
藤田	289.3
貝田	294.9
越河	298.6
白石	306.8

駅名	営業キロ
東白石	311.0
北白川	315.3
大河原	320.1
船岡	323.1
槻木	327.7
岩沼	334.2
館腰	337.9
名取	341.4
南仙台	344.1
太子堂	346.3
長町	347.3
仙台	351.8
東仙台	355.8
岩切	359.9
陸前山王	362.2
国府多賀城	363.5
塩釜	365.2
松島	375.2
愛宕	377.2
品井沼	381.6
鹿島台	386.6
松山町	391.5
小牛田	395.0
田尻	401.1
瀬峰	407.8
梅ケ沢	411.5
新田	416.2
石越	423.5
油島	427.0
花泉	431.2
清水原	434.4
有壁	437.8
一ノ関	445.1
山ノ目	448.0
平泉	452.3
前沢	459.9
陸中折居	465.1
水沢	470.1
金ケ崎	477.7
六原	481.1
北上	487.5
村崎野	492.2
花巻	500.0
花巻空港	505.7
石鳥谷	511.4
日詰	516.8
紫波中央	518.6
古館	521.5
矢幅	525.1
岩手飯岡	529.6
仙北町	533.5
盛岡	535.3

東北本線（尾久経由）

年　　月　　日

駅名	営業キロ
日暮里	0.0
尾久	2.6
赤羽	7.6

東北本線（利府支線）

年　　月　　日

駅名	営業キロ
岩切	0.0
新利府	2.5
利府	4.2

東北本線（仙石東北ライン）

年　　月　　日

駅名	営業キロ
松島	0.0
高城町	0.3

日光線

年　　月　　日

駅名	営業キロ
宇都宮	0.0
鶴田	4.8
鹿沼	14.3
文挟	22.4
下野大沢	28.2
今市	33.9
日光	40.5

烏山線

年　　月　　日

駅名	営業キロ
宝積寺	0.0
下野花岡	3.9
仁井田	5.9
鴻野山	8.3
大金	12.7
小塙	15.3
滝	17.5
烏山	20.4

八戸線

年　　月　　日

駅名	営業キロ
八戸	0.0
長苗代	3.4
本八戸	5.5
小中野	7.3
陸奥湊	9.0
白銀	10.3
鮫	11.8
陸奥白浜	17.5
種差海岸	19.6
大久喜	21.8
金浜	24.3
大蛇	25.8
階上	27.5
角の浜	29.5
平内	32.1
種市	34.2
玉川	38.1
宿戸	40.0
陸中八木	43.1
有家	45.8
陸中中野	48.4
侍浜	54.4
陸中夏井	61.7
久慈	64.9

大湊線

年　　月　　日

駅名	営業キロ
野辺地	0.0
北野辺地	2.8
有戸	9.6
吹越	23.0
陸奥横浜	30.1
有畑	36.0
近川	42.7
金谷沢	47.7
赤川	53.2
下北	55.5
大湊	58.4

常磐線

年　　月　　日

駅名	営業キロ
日暮里	0.0
三河島	1.2
南千住	3.4
北千住	5.2
綾瀬	7.7
亀有	9.9
金町	11.8
松戸	15.7
北松戸	17.8
馬橋	19.1
新松戸	20.7
北小金	22.0
南柏	24.5
柏	26.9
北柏	29.2
我孫子	31.3
天王台	34.0
取手	37.4
藤代	43.4
龍ケ崎市	45.5
牛久	50.6
ひたち野うしく	54.5
荒川沖	57.2
土浦	63.8
神立	69.9
高浜	76.4
石岡	80.0
羽鳥	86.5
岩間	91.9
友部	98.8
内原	103.8
赤塚	109.3
偕楽園	115.3
水戸	115.3
勝田	121.1
佐和	125.3
東海	130.0
大甕	137.4
常陸多賀	142.0
日立	146.9
小木津	152.4
十王	156.6
高萩	162.5
南中郷	167.0
磯原	171.6
大津港	178.7
勿来	183.2
植田	187.8
泉	195.0
湯本	201.5
内郷	205.0
いわき	209.4
草野	214.8
四ツ倉	219.2
久ノ浜	224.0
末続	227.6
広野	232.4
Jヴィレッジ	235.9
木戸	237.8
竜田	240.9
富岡	247.8
夜ノ森	253.0
大野	257.9
双葉	263.7
浪江	268.6
桃内	273.5
小高	277.5
磐城太田	282.4
原ノ町	286.9
鹿島	294.4
日立木	301.1
相馬	307.0
駒ケ嶺	311.4
新地	315.6
坂元	321.1
山下	326.0
浜吉田	330.2
亘理	335.2
逢隈	338.4
岩沼	343.7

水戸線

年　　月　　日

駅名	営業キロ
小山	0.0
小田林	4.9
結城	6.6
東結城	8.3
川島	10.4
玉戸	12.5
下館	16.2
新治	22.3
大和	25.9
岩瀬	29.6
羽黒	32.8
福原	37.0
稲田	40.1
笠間	43.3
宍戸	48.5
友部	50.2

水郡線

年　　月　　日

駅名	営業キロ
水戸	0.0
常陸青柳	1.9
常陸津田	4.1
後台	6.5
下菅谷	7.8
中菅谷	9.0
上菅谷	10.1
常陸鴻巣	13.4
瓜連	16.7
静	18.1
常陸大宮	23.4
玉川村	28.8
野上原	32.5
山方宿	35.2
中舟生	37.9
下小川	40.7
西金	44.1
上小川	47.3
袋田	51.8
常陸大子	55.6
下野宮	62.0
矢祭山	66.9
東館	71.0
南石井	73.8
磐城石井	74.9
磐城塙	81.3
近津	86.4
中豊	88.8
磐城棚倉	90.5
磐城浅川	97.0
里白石	100.0
磐城石川	105.3
野木沢	110.1
川辺沖	112.6
泉郷	115.3
川東	122.2
小塩江	126.0
谷田川	128.9
磐城守山	132.1
安積永盛	137.5

水郡線（上菅谷－常陸太田）

年　　月　　日

駅名	営業キロ
上菅谷	0.0
南酒出	2.5
額田	3.6
河合	6.7
谷河原	8.2
常陸太田	9.5

磐越西線

年　　月　　日

駅名	営業キロ
郡山	0.0
郡山富田	3.4
喜久田	7.9
安子ケ島	11.8
磐梯熱海	15.4
中山宿	20.8
上戸	27.3
猪苗代湖畔	29.3
関都	31.0
川桁	33.4
猪苗代	36.7
翁島	41.1
磐梯町	51.2
東長原	57.2
広田	60.0
会津若松	64.6
堂島	70.1
笈川	73.2
塩川	75.1
姥堂	77.5
会津豊川	79.5
喜多方	81.2
山都	91.1
荻野	97.2
尾登	101.0
野沢	106.2
上野尻	111.3
徳沢	118.0
豊実	121.3
日出谷	128.4
鹿瀬	133.6
津川	137.0
三川	144.4
五十島	148.6
東下条	152.5
咲花	155.6
馬下	158.4
猿和田	161.9
五泉	165.7
北五泉	167.5
新関	170.0
東新津	172.8
新津	175.6

JR・私鉄

磐越東線

年　月　日

駅名	営業キロ
いわき	0.0
赤井	4.8
小川郷	10.3
江田	18.3
川前	26.3
夏井	36.7
小野新町	40.1
神俣	46.6
菅谷	49.9
大越	54.3
磐城常葉	58.7
船引	62.5
要田	69.5
三春	73.7
舞木	79.8
郡山	85.6

只見線

年　月　日

駅名	営業キロ
会津若松	0.0
七日町	1.3
西若松	3.1
会津本郷	6.5
会津高田	11.3
根岸	14.8
新鶴	16.8
若宮	18.9
会津坂下	21.6
塔寺	26.0
会津坂本	29.7
会津柳津	33.3
郷戸	36.9
滝谷	39.6
会津桧原	41.5
会津西方	43.7
会津宮下	45.4
早戸	51.2
会津水沼	55.1
会津中川	58.3
会津川口	60.8
本名	63.6
会津越川	70.0
会津横田	73.2
会津大塩	75.4
会津塩沢	80.9
会津蒲生	83.9
只見	88.4
大白川	109.2
入広瀬	115.6
上条	118.7
越後須原	123.1
魚沼田中	127.0
越後広瀬	129.5
藪神	131.6
小出	135.2

仙石線

年　月　日

駅名	営業キロ
あおば通	0.0
仙台	0.5
榴ケ岡	1.3
宮城野原	2.4
陸前原ノ町	3.2
苦竹	4.0
小鶴新田	5.6
福田町	7.7
陸前高砂	8.6
中野栄	10.3
多賀城	12.6
下馬	14.4
西塩釜	15.2
本塩釜	16.0
東塩釜	17.2
陸前浜田	20.3
松島海岸	23.2
高城町	25.5
手樽	27.3
陸前富山	28.6
陸前大塚	30.8
東名	32.2
野蒜	33.4
陸前小野	36.0
鹿妻	37.6
矢本	40.2
東矢本	41.6
陸前赤井	43.1
石巻あゆみ野	45.2
蛇田	46.6
陸前山下	47.6
石巻	49.0

仙山線

年　月　日

駅名	営業キロ
仙台	0.0
東照宮	3.2
北仙台	4.8
北山	6.5
東北福祉大前	7.5
国見	8.6
葛岡	10.1
陸前落合	12.7
愛子	15.2
陸前白沢	20.6
熊ケ根	23.7
作並	28.7
奥新川	33.8
面白山高原	42.5
山寺	48.7
高瀬	52.4
楯山	54.9
羽前千歳	58.0

石巻線

年　月　日

駅名	営業キロ
小牛田	0.0
上涌谷	3.5
涌谷	6.2
前谷地	12.8
佳景山	17.1
鹿又	21.2
曽波神	23.7
石巻	27.9
陸前稲井	30.9
渡波	35.9
万石浦	37.0
沢田	38.3
浦宿	42.4
女川	44.7

気仙沼線

年　月　日

駅名	営業キロ
前谷地	0.0
和渕	3.2
のの岳	6.2
陸前豊里	10.3
御岳堂	13.6
柳津	17.5
陸前横山	22.3
陸前戸倉	29.5
志津川	33.7
清水浜	38.2
歌津	42.3
陸前港	44.9
蔵内	46.7
陸前小泉	48.7
本吉	51.5
小金沢	54.6
大谷海岸	58.3
陸前階上	61.6
最知	63.3
松岩	65.6
南気仙沼	68.3
不動の沢	69.6
気仙沼	72.8

気仙沼線ＢＲＴ

年　月　日

駅名	営業キロ
柳津	0.0
陸前横山	4.8
陸前戸倉	12.0
志津川	16.2
南三陸町役場・病院前	17.0
志津川中央団地	18.1
清水浜	20.7
歌津	24.8
陸前港	27.4
蔵内	29.2
陸前小泉	31.2
本吉	34.0
小金沢	37.1
大谷海岸	40.8
大谷まち	41.9
陸前階上	44.1
最知	45.8
岩月	46.8
松岩	48.1
赤岩港	49.4
気仙沼市立病院	49.7
南気仙沼	50.8
不動の沢	52.1
東新城	53.5
気仙沼	55.3

大船渡線

年　月　日

駅名	営業キロ
一ノ関	0.0
真滝	5.7
陸中門崎	13.7
岩ノ下	17.5
陸中松川	21.3
猊鼻渓	23.3
柴宿	26.1
摺沢	30.6
千厩	39.8
小梨	43.4
矢越	47.6
折壁	49.7
新月	55.3
気仙沼	62.0
鹿折唐桑	64.2
上鹿折	69.5
陸前矢作	79.5
竹駒	82.5
陸前高田	85.4
脇ノ沢	88.3
小友	92.8
細浦	97.1
下船渡	100.2
大船渡	103.1
盛	105.7

大船渡線ＢＲＴ

年　月　日

駅名	営業キロ
気仙沼	0.0
内湾入口 (八日町)	1.0
鹿折唐桑	2.2
八幡大橋 (東陵高校)	3.3
上鹿折	7.5
唐桑大沢	13.5
長部	15.8
陸前矢作	17.5
陸前今泉	20.2
奇跡の一本松	20.4
竹駒	20.5
栃ケ沢公園	21.7
陸前高田	23.4
高田高校前	24.2
高田病院	25.6
脇ノ沢	26.3
西下	28.4
小友	30.8
碁石海岸口	33.4
細浦	35.1
大船渡丸森	36.8
下船渡	38.2
大船渡魚市場前	39.7
大船渡	41.1
地ノ森	42.0
田茂山	43.0
盛	43.7

北上線

年　月　日

駅名	営業キロ
北上	0.0
柳原	2.1
江釣子	5.2
藤根	8.4
立川目	12.1
横川目	14.3
岩沢	18.1
和賀仙人	20.3
ゆだ錦秋湖	28.8
ほっとゆだ	35.2
ゆだ高原	39.1
黒沢	44.3
小松川	49.6
相野々	53.4
横手	61.1

釜石線

年　月　日

駅名	営業キロ
花巻	0.0
似内	3.5
新花巻	6.4
小山田	9.1
土沢	12.7
晴山	15.9
岩根橋	21.7
宮守	25.1
柏木平	31.2
鱒沢	33.6
荒谷前	36.4
岩手二日町	39.3
綾織	41.1
遠野	46.0
青笹	50.3
岩手上郷	53.8
平倉	56.6
足ケ瀬	61.2
上有住	65.4
陸中大橋	73.7
洞泉	79.6
松倉	83.2
小佐野	86.5
釜石	90.2

山田線

年　月　日

駅名	営業キロ
盛岡	0.0
上盛岡	2.8
山岸	4.9
上米内	9.9
区界	35.6
松草	43.6
川内	61.5
箱石	65.7
陸中川井	73.5
腹帯	82.6
茂市	87.0
蟇目	91.5
花原市	94.2
千徳	98.8
宮古	102.1

陸羽東線

年　月　日

駅名	営業キロ
小牛田	0.0
北浦	4.5
陸前谷地	6.6
古川	9.4
塚目	12.1
西古川	15.9
東大崎	19.1
西大崎	21.9
岩出山	24.8
有備館	25.8
上野目	28.6
池月	32.4
川渡温泉	38.8
鳴子御殿湯	42.7
鳴子温泉	44.9
中山平温泉	50.0
堺田	55.3
赤倉温泉	61.1
立小路	62.8
最上	65.6
大堀	69.5
鵜杉	71.5
瀬見温泉	75.0
東長沢	81.0
長沢	82.8
南新庄	89.2
新庄	94.1

陸羽西線

駅名	営業キロ
年　月　日	
新庄	0.0
升形	7.5
羽前前波	10.6
津谷	12.9
古口	17.0
高屋	24.8
清川	31.1
狩川	34.9
南野	38.9
余目	43.0

花輪線

駅名	営業キロ
年　月　日	
好摩	0.0
東大更	4.9
大更	9.0
平館	13.7
北森	15.0
松尾八幡平	17.8
安比高原	25.0
赤坂田	30.0
小屋の畑	33.6
荒屋新町	37.6
横間	40.3
田山	49.1
兄畑	55.8
湯瀬温泉	59.9
八幡平	64.2
陸中大里	66.1
鹿角花輪	69.7
柴平	74.4
十和田南	77.7
末広	82.2
土深井	84.6
沢尻	86.6
十二所	89.6
大滝温泉	92.1
扇田	98.6
東大館	103.3
大館	106.9

白新線

駅名	営業キロ
年　月　日	
新発田	0.0
西新発田	3.0
佐々木	6.3
黒山	9.3
豊栄	12.3
早通	15.8
新崎	17.7
大形	20.3
東新潟	22.3
新潟	27.3

羽越本線

駅名	営業キロ
年　月　日	
新津	0.0
京ケ瀬	6.1
水原	10.2
神山	13.9
月岡	17.8
中浦	21.5
新発田	26.0

駅名	営業キロ
加治	30.3
金塚	35.3
中条	39.1
平木田	44.7
坂町	48.0
平林	51.6
岩船町	55.2
村上	59.4
間島	66.5
越後早川	71.4
桑川	78.3
今川	82.6
越後寒川	87.5
勝木	92.8
府屋	95.9
鼠ケ関	101.0
小岩川	105.4
あつみ温泉	109.8
五十川	115.7
小波渡	120.1
三瀬	123.2
羽前水沢	128.9
羽前大山	133.4
鶴岡	139.4
藤島	146.0
西袋	151.1
余目	154.7
北余目	157.4
砂越	160.4
東酒田	163.7
酒田	166.9
本楯	173.3
南鳥海	175.9
遊佐	179.1
吹浦	186.1
女鹿	189.7
小砂川	194.8
上浜	198.5
象潟	203.4
金浦	209.2
仁賀保	214.7
西目	223.1
羽後本荘	228.9
羽後岩谷	236.0
折渡	240.7
羽後亀田	243.7
岩城みなと	250.2
道川	251.8
下浜	258.4
桂根	261.7
新屋	265.7
羽後牛島	269.0
秋田	271.7

左沢線

駅名	営業キロ
年　月　日	
北山形	0.0
東金井	3.1
羽前山辺	6.5
羽前金沢	9.5
羽前長崎	11.0
南寒河江	13.5
寒河江	15.3
西寒河江	16.4
羽前高松	19.3
柴橋	22.3
左沢	24.3

米坂線

駅名	営業キロ
年　月　日	
米沢	0.0
南米沢	3.1
西米沢	6.5
成島	9.6
中郡	12.5
羽前小松	16.9
犬川	19.4
今泉	23.0
萩生	27.3
羽前椿	30.1
手ノ子	34.7
羽前沼沢	43.9
伊佐領	49.0
羽前松岡	54.7
小国	58.3
越後金丸	67.8
越後片貝	73.1
越後下関	79.7
越後大島	83.5
坂町	90.7

五能線

駅名	営業キロ
年　月　日	
東能代	0.0
能代	3.9
向能代	6.1
北能代	9.3
鳥形	11.2
沢目	14.1
東八森	18.0
八森	22.7
滝ノ間	24.5
あきた白神	26.1
岩館	29.1
大間越	39.9
白神岳登山口	42.3
松神	44.7
十二湖	46.6
陸奥岩崎	50.9
陸奥沢辺	53.6
ウェスパ椿山	56.0
艫作	57.9
横磯	61.4
深浦	66.9
広戸	70.8
追良瀬	72.9
轟木	76.0
風合瀬	79.0
大戸瀬	83.9
千畳敷	86.0
北金ケ沢	90.6
陸奥柳田	93.3
陸奥赤石	97.4
鯵ケ沢	103.8
鳴沢	108.3
越水	111.0
陸奥森田	114.5
中田	116.9
木造	119.5
五所川原	125.7
陸奥鶴田	131.7
鶴泊	134.1
板柳	138.9
林崎	141.9
藤崎	144.7
川部	147.2

男鹿線

駅名	営業キロ
年　月　日	
追分	0.0
出戸浜	5.1
上二田	8.3
二田	10.4
天王	13.2
船越	14.9
脇本	18.9
羽立	23.7
男鹿	26.6

奥羽本線
(新庄－大曲)

駅名	営業キロ
年　月　日	
新庄	0.0
泉田	5.6
羽前豊里	12.7
真室川	15.4
釜渕	24.6
大滝	31.7
及位	37.2
院内	45.8
横堀	49.8
三関	55.8
上湯沢	58.5
湯沢	61.8
下湯沢	65.9
十文字	69.2
醍醐	72.6
柳田	75.8
横手	79.7
後三年	86.1
飯詰	91.2
大曲	98.4

奥羽本線
(秋田－青森)

駅名	営業キロ
年　月　日	
秋田	0.0
泉外旭川	3.1
土崎	7.1
上飯島	9.6
追分	13.0
大久保	20.2
羽後飯塚	23.5
井川さくら	24.9
八郎潟	28.8
鯉川	34.3
鹿渡	39.7
森岳	46.4
北金岡	50.7
東能代	56.7
鶴形	61.6
富根	66.8
二ツ井	73.5
前山	80.8
鷹ノ巣	86.2
糠沢	89.4
早口	94.8
下川沿	99.0
大館	104.2
白沢	110.7
陣場	117.8
津軽湯の沢	123.6
碇ケ関	128.5
長峰	133.3

駅名	営業キロ
大鰐温泉	136.6
石川	142.0
弘前	148.4
撫牛子	151.1
川部	154.7
北常盤	157.9
浪岡	163.4
大釈迦	168.5
鶴ケ坂	174.7
津軽新城	180.1
新青森	181.9
青森	185.8

津軽線

駅名	営業キロ
年　月　日	
青森	0.0
油川	6.0
津軽宮田	9.7
奥内	11.5
左堰	13.1
後潟	14.7
中沢	16.8
蓬田	19.1
郷沢	21.1
瀬辺地	23.4
蟹田	27.0
中小国	31.4
大平	35.0
津軽二股	46.6
大川平	48.6
今別	51.0
津軽浜名	52.7
三厩	55.8

函館本線

駅名	営業キロ
年　月　日	
函館	0.0
五稜郭	3.4
桔梗	8.3
大中山	10.4
七飯	13.8
新函館北斗	17.9
仁山	21.2
大沼	27.0
大沼公園	28.0
赤井川	31.7
駒ケ岳	36.5
森	49.5
石倉	62.1
落部	66.1
野田生	71.4
山越	76.0
八雲	81.1
山崎	88.3
黒岩	94.4
国縫	102.8
中ノ沢	107.7
長万部	112.3
二股	120.9
黒松内	132.3
熱郛	140.4
目名	155.8
蘭越	163.4
昆布	170.3
ニセコ	179.6
比羅夫	186.6
倶知安	193.3
小沢	203.6
銀山	213.4

駅名	営業キロ
然別	224.1
仁木	228.2
余市	232.6
蘭島	237.9
塩谷	244.8
小樽	252.5
南小樽	254.1
小樽築港	256.2
朝里	259.3
銭函	268.1
ほしみ	271.0
星置	272.6
稲穂	273.7
手稲	275.7
稲積公園	277.0
発寒	279.2
発寒中央	281.0
琴似	282.5
桑園	284.7
札幌	286.3
苗穂	288.5
白石	292.1
厚別	296.5
森林公園	298.5
大麻	300.8
野幌	304.2
高砂	305.5
江別	307.3
豊幌	313.5
幌向	316.7
上幌向	322.6
岩見沢	326.9
峰延	335.3
光珠内	339.8
美唄	343.7
茶志内	348.1
奈井江	354.3
豊沼	359.0
砂川	362.2
滝川	369.8
江部乙	378.2
妹背牛	385.7
深川	392.9
納内	400.3
近文	419.1
旭川	423.1

函館本線（藤城経由）

年　　月　　日

駅名	営業キロ
七飯	0.0
大沼	13.2

函館本線（渡島砂原経由）

年　　月　　日

駅名	営業キロ
大沼	0.0
鹿部	14.6
渡島沼尻	20.0
渡島砂原	25.3
掛澗	29.0
尾白内	31.9
東森	33.5
森	35.3

室蘭本線

年　　月　　日

駅名	営業キロ
長万部	0.0
静狩	10.6
小幌	17.5
礼文	23.6
大岸	27.7
豊浦	36.1
洞爺	41.5
有珠	46.6
長和	51.5
伊達紋別	54.5
北舟岡	57.4
稀府	60.6
黄金	65.1
崎守	67.3
本輪西	72.7
東室蘭	77.2
鷲別	79.1
幌別	86.8
富浦	92.3
登別	94.7
虎杖浜	98.1
竹浦	102.9
北吉原	105.7
萩野	107.8
白老	113.6
社台	119.1
錦岡	124.4
糸井	130.6
青葉	132.8
苫小牧	135.2
沼ノ端	144.0
遠浅	152.9
早来	158.3
安平	164.0
追分	170.8
三川	178.8
古山	182.2
由仁	186.4
栗山	191.5
栗丘	195.7
栗沢	199.6
志文	203.9
岩見沢	211.0

室蘭本線（東室蘭－室蘭）

年　　月　　日

駅名	営業キロ
東室蘭	0.0
輪西	2.3
御崎	4.2
母恋	5.9
室蘭	7.0

千歳線

年　　月　　日

駅名	営業キロ
沼ノ端	0.0
植苗	6.4
南千歳	18.4
千歳	21.4
長都	24.9
サッポロビール庭園	27.1
恵庭	29.4
恵み野	31.9
島松	34.1
北広島	40.6
上野幌	48.6
新札幌	51.5
平和	54.4
白石	56.6

千歳線（新千歳空港支線）

年　　月　　日

駅名	営業キロ
南千歳	0.0
新千歳空港	2.6

日高本線

年　　月　　日

駅名	営業キロ
苫小牧	0.0
勇払	13.1
浜厚真	22.7
鵡川	30.5

札沼線

年　　月　　日

駅名	営業キロ
桑園	0.0
八軒	2.2
新川	3.7
新琴似	5.6
太平	7.3
百合が原	8.6
篠路	10.2
拓北	12.2
あいの里教育大	13.6
あいの里公園	15.1
ロイズタウン	17.9
太美	19.3
当別	25.9
北海道医療大学	28.9

留萌本線

年　　月　　日

駅名	営業キロ
深川	0.0
北一已	3.8
秩父別	8.8
北秩父別	11.2
石狩沼田	14.4

富良野線

年　　月　　日

駅名	営業キロ
旭川	0.0
神楽岡	2.4
緑が丘	4.0
西御料	5.2
西瑞穂	7.4
西神楽	9.9
西聖和	12.3
千代ヶ岡	16.6
北美瑛	20.3
美瑛	23.8
美馬牛	30.6
上富良野	39.7
西中	44.2
ラベンダー畑	45.8
中富良野	47.3
鹿討	49.7
学田	52.5
富良野	54.8

石勝線

年　　月　　日

駅名	営業キロ
南千歳	0.0
追分	17.6
川端	27.0
滝ノ上	35.8
新夕張	43.0
占冠	77.3
トマム	98.6
新得	132.4

根室本線

年　　月　　日

駅名	営業キロ
滝川	0.0
東滝川	7.2
赤平	13.7
茂尻	17.2
平岸	20.7
芦別	26.6
上芦別	30.5
野花南	35.2
富良野	54.6
布部	60.9
山部	66.7
下金山	74.7
金山	81.6
東鹿越	94.8
幾寅	98.8
落合	108.2
新得	136.3
十勝清水	145.4
御影	155.9
芽室	166.5
大成	168.6
西帯広	173.4
柏林台	176.6
帯広	180.1
札内	184.9
幕別	194.3
利別	200.8
池田	204.3
十弗	212.8
豊頃	218.2
新吉野	225.3
浦幌	231.7
厚内	250.1
音別	265.1
白糠	281.1
西庶路	286.5
庶路	288.8
大楽毛	299.0
新大楽毛	300.8
新富士	305.7
釧路	308.4
東釧路	311.3
武佐	312.5
別保	317.0
上尾幌	331.7
尾幌	340.9
門静	350.1
厚岸	355.0
茶内	375.2
浜中	382.2
姉別	392.3
厚床	398.9
別当賀	414.5
落石	428.2
昆布盛	428.8
西和田	433.6
東根室	442.3
根室	443.8

※富良野－新得間は2024年3月31日までの営業

釧網本線

年　　月　　日

駅名	営業キロ
東釧路	0.0
遠矢	7.4
釧路湿原	14.7
細岡	17.1
塘路	24.3
茅沼	31.3
標茶	45.2
磯分内	55.8
摩周	70.5
美留和	79.2
川湯温泉	86.4
緑	100.9
札弦	109.2
清里町	117.0
中斜里	124.3
知床斜里	128.9
止別	140.4
浜小清水	146.1
原生花園	149.3
北浜	154.7
藻琴	157.5
鱒浦	160.0
桂台	164.8
網走	166.2

石北本線

年　　月　　日

駅名	営業キロ
新旭川	0.0
南永山	2.5
東旭川	5.2
桜岡	10.2
当麻	13.9
伊香牛	19.5
愛別	25.9
中愛別	32.0
愛山	36.0
安足間	38.0
上川	44.9
白滝	82.2
丸瀬布	101.9
瀬戸瀬	109.7
遠軽	120.8
安国	129.0
生田原	137.7
西留辺蘂	156.2
留辺蘂	158.2
相内	169.1
東相内	173.7
西北見	176.3
北見	181.0
柏陽	183.7
愛し野	185.9
端野	187.3
緋牛内	194.6
美幌	206.1
西女満別	213.1
女満別	218.1
呼人	225.9
網走	234.0

宗谷本線

駅名	年 月 日 営業キロ
旭川	0.0
旭川四条	1.8
新旭川	3.7
永山	9.3
北永山	11.4
比布	17.1
蘭留	22.8
塩狩	28.4
和寒	36.3
剣淵	45.2
士別	53.9
多寄	61.7
瑞穂	64.5
風連	68.1
名寄高校	74.1
名寄	76.2
日進	80.2
智恵文	91.2
智北	93.3
美深	98.3
初野	101.9
恩根内	112.1
天塩川温泉	121.5
咲来	124.7
音威子府	129.3
筬島	135.6
佐久	153.6
天塩中川	161.9
問寒別	175.8
糠南	178.0
雄信内	183.7
南幌延	191.6
幌延	199.4
下沼	207.2
豊富	215.9
兜沼	230.9
勇知	236.7
抜海	245.0
南稚内	256.7
稚内	259.4

山手線

駅名	年 月 日 営業キロ
品川	0.0
大崎	2.0
五反田	2.9
目黒	4.1
恵比寿	5.6
渋谷	7.2
原宿	8.4
代々木	9.9
新宿	10.6
新大久保	11.9
高田馬場	13.3
目白	14.2
池袋	15.4
大塚	17.2
巣鴨	18.3
駒込	19.0
田端	20.6

赤羽線（埼京線）

駅名	年 月 日 営業キロ
池袋	0.0
板橋	1.8
十条	3.5
赤羽	5.5

赤羽線（埼京線）（羽沢横浜国大－鶴見）

駅名	年 月 日 営業キロ
羽沢横浜国大	0.0
（鶴見）	(8.8)
武蔵小杉	(16.6)

東北本線（埼京線）

駅名	年 月 日 営業キロ
赤羽	0.0
北赤羽	1.5
浮間舟渡	3.1
戸田公園	5.5
戸田	6.8
北戸田	8.2
武蔵浦和	10.6
中浦和	11.8
南与野	13.5
与野本町	15.1
北与野	16.2
大宮	18.0

川越線

駅名	年 月 日 営業キロ
大宮	0.0
日進	3.7
西大宮	6.3
指扇	7.7
南古谷	12.4
川越	16.1
西川越	18.7
的場	20.9
笠幡	23.8
武蔵高萩	27.0
高麗川	30.6

南武線

駅名	年 月 日 営業キロ
川崎	0.0
尻手	1.7
矢向	2.6
鹿島田	4.1
平間	5.3
向河原	6.6
武蔵小杉	7.5
武蔵中原	9.2
武蔵新城	10.5
武蔵溝ノ口	12.7
津田山	13.9
久地	14.9
宿河原	16.2
登戸	17.3
中野島	19.5
稲田堤	20.8
矢野口	22.4
稲城長沼	24.1
南多摩	25.5
府中本町	27.9
分倍河原	28.8
西府	30.0
谷保	31.6
矢川	33.0
西国立	34.3
立川	35.5

南武線（尻手－浜川崎）

駅名	年 月 日 営業キロ
尻手	0.0
八丁畷	1.1
川崎新町	2.0
小田栄	2.7
浜川崎	4.1

根岸線

駅名	年 月 日 営業キロ
横浜	0.0
桜木町	2.0
関内	3.0
石川町	3.8
山手	5.0
根岸	7.1
磯子	9.5
新杉田	11.1
洋光台	14.1
港南台	16.0
本郷台	18.5
大船	22.1

五日市線

駅名	年 月 日 営業キロ
拝島	0.0
熊川	1.1
東秋留	3.5
秋川	5.7
武蔵引田	7.2
武蔵増戸	8.5
武蔵五日市	11.1

青梅線

駅名	年 月 日 営業キロ
立川	0.0
西立川	1.9
東中神	2.7
中神	3.6
昭島	5.0
拝島	6.9
牛浜	8.6
福生	9.6
羽村	11.7
小作	14.1
河辺	15.9
東青梅	17.2
青梅	18.5
宮ノ平	20.6
日向和田	21.4
石神前	22.4
二俣尾	23.6
軍畑	24.5
沢井	25.9
御嶽	27.2
川井	30.0
古里	31.6
鳩ノ巣	33.8
白丸	35.2
奥多摩	37.2

横浜線

駅名	年 月 日 営業キロ
東神奈川	0.0
大口	2.2
菊名	4.8
新横浜	6.1
小机	7.8
鴨居	10.9
中山	13.5
十日市場	15.9
長津田	17.9
成瀬	20.2
町田	22.9
古淵	25.7
淵野辺	28.4
矢部	29.2
相模原	31.0
橋本	33.8
相原	35.7
八王子みなみ野	38.6
片倉	40.0
八王子	42.6

鶴見線

駅名	年 月 日 営業キロ
鶴見	0.0
国道	0.9
鶴見小野	1.5
弁天橋	2.4
浅野	3.0
安善	3.5
武蔵白石	4.1
浜川崎	5.7
昭和	6.4
扇町	7.0

鶴見線（海芝浦支線）

駅名	年 月 日 営業キロ
浅野	0.0
新芝浦	0.9
海芝浦	1.7

鶴見線（大川支線）

駅名	年 月 日 営業キロ
武蔵白石	0.0
大川	1.0

武蔵野線

駅名	年 月 日 営業キロ
府中本町	0.0
北府中	1.7
西国分寺	3.9
新小平	7.4
新秋津	13.0
東所沢	15.7
新座	19.7
北朝霞	22.8
西浦和	27.8
武蔵浦和	29.8
南浦和	31.7
東浦和	35.4
東川口	39.2
南越谷	43.5
越谷レイクタウン	46.3
吉川	48.2
吉川美南	49.8
新三郷	51.3
三郷	53.4
南流山	55.4
新松戸	57.5
新八柱	61.6
東松戸	64.0
市川大野	65.9
船橋法典	68.9
西船橋	71.8

京葉線

駅名	年 月 日 営業キロ
東京	0.0
八丁堀	1.2
越中島	2.8
潮見	5.4
新木場	7.4
葛西臨海公園	10.6
舞浜	12.7
新浦安	16.1
市川塩浜	18.2
二俣新町	22.6
南船橋	26.0
新習志野	28.3
幕張豊砂	30.0
海浜幕張	31.7
検見川浜	33.7
稲毛海岸	35.3
千葉みなと	39.0
蘇我	43.0

京葉線（武蔵野線）（西船橋－南船橋）

駅名	年 月 日 営業キロ
西船橋	0.0
南船橋	5.4

京葉線（武蔵野線）（西船橋－市川塩浜）

駅名	年 月 日 営業キロ
西船橋	0.0
市川塩浜	5.9

大阪環状線

駅名	年 月 日 営業キロ
天王寺	0.0
寺田町	1.0
桃谷	2.2
鶴橋	3.0
玉造	3.9
森ノ宮	4.8
大阪城公園	5.7
京橋	6.5
桜ノ宮	8.3
天満	9.1
大阪	10.7
福島	11.7
野田	13.1
西九条	14.3
弁天町	15.9
大正	17.7
芦原橋	18.9

JR・私鉄

駅名	営業キロ
今宮	19.5
新今宮	20.7

桜島線

年　　月　　日

駅名	営業キロ
西九条	0.0
安治川口	2.4
ユニバーサルシティ	3.2
桜島	4.1

阪和線

年　　月　　日

駅名	営業キロ
天王寺	0.0
美章園	1.5
南田辺	3.0
鶴ケ丘	3.9
長居	4.7
我孫子町	5.9
杉本町	6.9
浅香	7.9
堺市	8.8
三国ケ丘	10.2
百舌鳥	11.1
上野芝	12.4
津久野	13.7
鳳	15.1
富木	16.3
北信太	18.0
信太山	19.4
和泉府中	20.9
久米田	23.9
下松	25.1
東岸和田	26.6
東貝塚	28.1
和泉橋本	30.0
東佐野	31.5
熊取	33.0
日根野	34.9
長滝	36.3
新家	38.6
和泉砂川	40.5
和泉鳥取	43.3
山中渓	45.2
紀伊	53.3
六十谷	57.2
紀伊中ノ島	60.2
和歌山	61.3

阪和線（東羽衣支線）

年　　月　　日

駅名	営業キロ
鳳	0.0
東羽衣	1.7

おおさか東線

年　　月　　日

駅名	営業キロ
大阪	0.0
新大阪	3.8
南吹田	5.8
JR淡路	7.1
城北公園通	9.2
JR野江	11.4
鴫野	13.2
放出	14.8
高井田中央	16.5
JR河内永和	18.1

駅名	営業キロ
JR俊徳道	18.7
JR長瀬	19.7
衣摺加美北	21.0
新加美	22.4
久宝寺	24.0

片町線

年　　月　　日

駅名	営業キロ
木津	0.0
西木津	2.2
祝園	5.1
下狛	7.4
JR三山木	9.4
同志社前	10.5
京田辺	12.4
大住	14.5
松井山手	17.0
長尾	18.6
藤阪	20.2
津田	21.8
河内磐船	25.0
星田	27.1
寝屋川公園	28.8
忍ケ丘	30.1
四条畷	32.0
野崎	33.3
住道	35.5
鴻池新田	37.9
徳庵	39.8
放出	41.6
鴫野	43.2
京橋	44.8

ＪＲ東西線

年　　月　　日

駅名	営業キロ
京橋	0.0
大阪城北詰	0.9
大阪天満宮	2.2
北新地	3.6
新福島	4.8
海老江	6.0
御幣島	8.6
加島	10.3
尼崎	12.5

宮島航路

駅名	営業キロ
宮島口	
宮島	

短絡線

東海道本線（湘南新宿ライン）

年　　月　　日

駅名	営業キロ
大崎	
西大井	

山手線・東北本線（湘南新宿ライン）

年　　月　　日

駅名	営業キロ
池袋	
赤羽	

東海道本線（鶴見－大船）

駅名	営業キロ
武蔵小杉	
（鶴見）	
（東戸塚）	
（戸塚）	
（大船）	
藤沢	

武蔵野線（新小平－国立）

駅名	営業キロ
新小平	
国立	

武蔵野線（西浦和－与野）

駅名	営業キロ
北朝霞	
（西浦和）	
（与野）	
大宮	

武蔵野線（鶴見－府中本町）

駅名	営業キロ
横浜	
（鶴見）	
（府中本町）	
北府中	

武蔵野線（南流山－北小金）

駅名	営業キロ
南流山	
（北小金）	
柏	

武蔵野線（武蔵浦和－与野）

駅名	営業キロ
武蔵浦和	
（与野）	
大宮	

本四備讃線（児島－坂出）

駅名	営業キロ
児島	
（宇多津）	
坂出	

東海道本線（東京－品川）

駅名	営業キロ
東京	
新橋	
品川	

奥羽本線（新在連絡線）

駅名	営業キロ
福島（東北新幹線）	
（笹木野）	
米沢	

田沢湖線（新在連絡線）

駅名	営業キロ
盛岡（東北新幹線）	
（前潟）	
雫石	

青梅線（立川－西立川）

駅名	営業キロ
立川	
（西立川）	
拝島	

阪和線（天王寺－美章園）

駅名	営業キロ
天王寺	
（美章園）	
和泉府中	

難読駅名100 JR 編

路線名	駅名	よみかた
東海道本線	愛知御津	あいちみと
山陽本線	厚東	ことう
成田線	木下	きおろし
鹿島線	潮来	いたこ
外房線	誉田	ほんだ
久留里線	小櫃	おびつ
名松線	伊勢奥津	いせおきつ
飯田線	大嵐	おおぞれ
飯田線	為栗	してぐり
関西本線	河曲	かわの
紀勢本線	芳養	はや
紀勢本線	朝来	あっそ
奈良線	黄檗	おうばく
和歌山線	布施屋	ほしや
桜井線	櫟本	いちのもと
桜井線	畝傍	うねび
姫新線	上月	こうづき
赤穂線	邑久	おく
因美線	国英	くにふさ
伯備線	美袋	みなぎ
福塩線	万能倉	まなぐら
福塩線	吉舎	きさ
呉線	安芸幸崎	あきさいざき
芸備線	戸坂	へさか
美祢線	厚保	あつ
宇野線	妹尾	せのお
宇野線	迫川	はざかわ
予讃線	壬生川	にゅうがわ
予讃線	浅海	あさなみ
土讃線	薊野	あぞうの
高徳線	栗林	りつりん
鳴門線	撫養	むや
徳島線	府中	こう
徳島線	麻植塚	おえづか
山陰本線	石原	いさ
山陰本線	温泉津	ゆのつ
山陰本線	特牛	こっとい
木次線	亀嵩	かめだけ
福知山線	柏原	かいばら
鹿児島本線	木場茶屋	こばんちゃや
唐津線	厳木	きゅうらぎ
久大本線	光岡	てるおか
三角線	網田	おうだ
日田彦山線	香春	かわら
筑豊本線	筑前垣生	ちくぜんはぶ
日豊本線	杵網	くさみ
日豊本線	築城	ついき
日豊本線	杵築	きつき
日豊本線	日出	ひじ
日豊本線	浅海井	あざむい

路線名	駅名	よみかた
日南線	飫肥	おび
肥薩線	大畑	おこば
指宿枕崎線	生見	ぬくみ
指宿枕崎線	頴娃	えい
湖西線	和邇	わに
越美北線	勝原	かどはら
飯山線	蓮	はちす
高山本線	坂祝	さかほぎ
高山本線	古井	こび
高山本線	上枝	ほずえ
八高線	高麗川	こまがわ
上越線	上牧	かみもく
吾妻線	祖母島	うばしま
東北本線	宝積寺	ほうしゃくじ
東北本線	安積永盛	あさかながもり
日光線	文挟	ふばさみ
烏山線	小塙	こばな
八戸線	階上	はしかみ
常磐線	大甕	おおみか
常磐線	勿来	なこそ
磐越東線	舞木	もうぎ
仙石線	榴ケ岡	つつじがおか
仙山線	愛子	あやし
名巻線	渡波	わたのは
大船渡線BRT	鹿折唐桑	ししおりからくわ
釜石線	似内	にたない
山田線	蟇目	ひきめ
山田線	区界	くざかい
羽越本線	五十川	いらがわ
羽越本線	象潟	きさかた
五能線	艫作	へなし
五能線	轟木	とどろき
五能線	風合瀬	かそせ
奥羽本線	及位	のぞき
奥羽本線	撫牛子	ないじょうし
津軽線	蓬田	よもぎた
津軽線	三厩	みんまや
函館本線	七飯	ななえ
函館本線	熱郛	ねっぷ
函館本線	妹背牛	もせうし
留萌本線	北一已	きたいちやん
根室本線	大楽毛	おたのしけ
宗谷本線	筬島	おさしま
青梅線	福生	ふっさ
青梅線	軍畑	いくさばた
阪和線	信太山	しのだやま
おおさか東線	衣摺加美北	きずりかみきた
片町線	祝園	ほうその
片町線	放出	はなてん
JR東西線	御幣島	みてじま

JR・私鉄

私鉄

札幌市交通局

東西線

	年	月	日
駅名			営業キロ
宮の沢			0.0
発寒南			1.5
琴似			2.8
二十四軒			3.7
西２８丁目			4.9
円山公園			5.7
西１８丁目			6.6
西１１丁目			7.5
大通			8.5
バスセンター前			9.3
菊水			10.4
東札幌			11.6
白石			12.7
南郷７丁目			14.1
南郷１３丁目			15.2
南郷１８丁目			16.4
大谷地			17.9
ひばりが丘			18.9
新さっぽろ			20.1

南北線

	年	月	日
駅名			営業キロ
麻生			0.0
北３４条			1.0
北２４条			2.2
北１８条			3.1
北１２条			3.9
さっぽろ			4.9
大通			5.5
すすきの			6.1
中島公園			6.8
幌平橋			7.8
中の島			8.3
平岸			9.0
南平岸			10.1
澄川			11.3
自衛隊前			12.6
真駒内			14.3

東豊線

	年	月	日
駅名			営業キロ
栄町			0.0
新道東			0.9
元町			2.1
環状通東			3.5
東区役所前			4.5
北１３条東			5.4
さっぽろ			6.7
大通			7.3
豊水すすきの			8.1
学園前			9.5
豊平公園			10.4
美園			11.4
月寒中央			12.6
福住			13.6

札幌市電（１条線）

	年	月	日
駅名			営業キロ
西４丁目			0.0

西８丁目			0.5
中央区役所前			0.9
西１５丁目			1.4

札幌市電（山鼻線）

	年	月	日
駅名			営業キロ
西１５丁目			0.0
西線６条			0.6
西線9条旭山公園通			1.0
西線１１条			1.3
西線１４条			1.8
西線１６条			2.2
ロープウェイ入口			2.6
電車事業所前			2.9
中央図書館前			3.2

札幌市電（山鼻西線）

	年	月	日
駅名			営業キロ
中央図書館前			0.0
石山通			0.3
東屯田通			0.6
幌南小学校前			1.0
山鼻１９条			1.3
静修学園前			1.7
行啓通			2.0
中島公園通			2.5
山鼻９条			2.8
東本願寺前			3.2
資生館小学校前			3.6
すすきの			3.9

札幌市電（都心線）

	年	月	日
駅名			営業キロ
すすきの			0.0
狸小路			0.2
西４丁目			0.4

函館市企業局交通部

函館市電（本線）

	年	月	日
駅名			営業キロ
函館どつく前			0.0
大町			0.5
末広町			0.9
十字街			1.5
魚市場通			2.0
市役所前			2.4
函館駅前			2.8

函館市電（宝来・谷地頭線）

	年	月	日
駅名			営業キロ
谷地頭			0.0
青柳町			0.4
宝来町			1.0
十字街			1.4

函館市電（大森線）

	年	月	日
駅名			営業キロ
函館駅前			0.0
松風町			0.5

函館市電（湯の川線）

	年	月	日
駅名			営業キロ
松風町			0.0
新川町			0.4
千歳町			0.7
昭和橋			1.0
堀川町			1.3
千代台			1.9
中央病院前			2.2
五稜郭公園前			2.5
杉並町			3.1
柏木町			3.7
深堀町			4.2
競馬場前			4.7
駒場車庫前			5.0
函館アリーナ前			5.2
湯の川温泉			5.5
湯の川			6.0

道南いさりび鉄道

道南いさりび鉄道線

	年	月	日
駅名			営業キロ
木古内			0.0
札苅			3.8
泉沢			7.2
釜谷			10.3
渡島当別			15.2
茂辺地			20.2
上磯			29.0
清川口			30.2
久根別			31.3
東久根別			32.5
七重浜			35.1
五稜郭			37.8

青函トンネル記念館

青函トンネル竜飛斜坑線

	年	月	日
駅名			営業キロ
青函トンネル記念館			0.0
体験坑道			0.8

青い森鉄道

青い森鉄道線

	年	月	日
駅名			営業キロ
目時			0.0
三戸			5.5
諏訪ノ平			9.5
剣吉			14.8
苫米地			18.2
北高岩			21.0
八戸			25.9
陸奥市川			32.8
下田			37.0
向山			42.2
三沢			46.9
小川原			53.5
上北町			57.4
乙供			64.3
千曳			70.9

野辺地			77.3
狩場沢			83.8
清水川			88.5
小湊			94.5
西平内			98.3
浅虫温泉			104.7
野内			111.2
矢田前			112.7
小柳			114.7
東青森			116.1
筒井			117.5
青森			121.9

IGRいわて銀河鉄道

いわて銀河鉄道線

	年	月	日
駅名			営業キロ
盛岡			0.0
青山			3.2
厨川			5.6
巣子			10.2
滝沢			12.2
渋民			16.6
好摩			21.3
岩手川口			26.9
いわて沼宮内			32.0
御堂			37.3
奥中山高原			44.4
小繋			52.2
小鳥谷			59.8
一戸			64.5
二戸			70.8
斗米			73.7
金田一温泉			78.4
目時			82.0

津軽鉄道

津軽鉄道

	年	月	日
駅名			営業キロ
津軽五所川原			0.0
十川			1.3
五農校前			3.2
津軽飯詰			4.2
毘沙門			7.4
嘉瀬			10.1
金木			12.8
芦野公園			14.3
川倉			16.0
大沢内			17.7
深郷田			19.0
津軽中里			20.7

弘南鉄道

弘南線

	年	月	日
駅名			営業キロ
弘前			0.0
弘前東高前			0.9
運動公園前			2.1
新里			3.6
館田			5.2
平賀			7.5
柏農高校前			9.5
津軽尾上			11.1
尾上高校前			12.5
田んぼアート			13.4

田舎館			13.8
境松			15.3
黒石			16.8

大鰐線

	年	月	日
駅名			営業キロ
大鰐			0.0
宿川原			0.9
鯖石			2.2
石川プール前			3.0
石川			4.4
義塾高校前			5.7
津軽大沢			6.7
松木平			8.4
小栗山			9.3
千年			10.0
聖愛中高前			11.3
弘前学院大前			12.0
弘高下			13.1
中央弘前			13.9

三陸鉄道

リアス線

	年	月	日
駅名			営業キロ
盛			0.0
陸前赤崎			3.7
綾里			9.1
恋し浜			12.0
甫嶺			14.3
三陸			17.0
吉浜			21.6
唐丹			27.7
平田			33.1
釜石			36.6
両石			42.7
鵜住居			44.9
大槌			48.9
吉里吉里			52.3
浪板海岸			54.1
岩手船越			60.5
織笠			64.3
陸中山田			65.5
豊間根			76.6
払川			80.7
津軽石			82.8
八木沢・宮古短大			88.2
磯鶏			90.0
宮古			92.0
山口団地			93.6
一の渡			98.2
佐羽根			101.1
田老			104.7
新田老			105.2
摂待			113.5
岩泉小本			117.1
島越			125.6
田野畑			127.6
普代			136.9
白井海岸			140.3
堀内			143.4
野田玉川			147.9
十府ケ浦海岸			149.6
陸中野田			151.9
陸中宇部			155.3
久慈			163.0

秋田内陸縦貫鉄道

秋田内陸線

年 月 日

駅名	営業キロ
鷹巣	0.0
西鷹巣	1.3
縄文小ケ田	3.7
大野台	6.1
合川	9.7
上杉	12.1
米内沢	15.0
桂瀬	20.5
阿仁前田温泉	25.2
前田南	27.1
小渕	29.1
阿仁合	33.0
荒瀬	35.4
萱草	38.1
笑内	40.9
岩野目	43.3
比立内	46.0
奥阿仁	49.7
阿仁マタギ	52.3
戸沢	61.2
上桧木内	65.9
左通	67.7
羽後中里	71.7
松葉	75.0
羽後長戸呂	77.9
八津	82.9
西明寺	86.9
羽後太田	89.9
角館	94.2

由利高原鉄道

鳥海山ろく線

年 月 日

駅名	営業キロ
羽後本荘	0.0
薬師堂	2.2
子吉	4.5
鮎川	7.4
黒沢	9.5
曲沢	10.3
前郷	11.7
久保田	13.6
西滝沢	15.7
吉沢	17.1
川辺	20.1
矢島	23.0

山形鉄道

フラワー長井線

年 月 日

駅名	営業キロ
赤湯	0.0
南陽市役所	0.9
宮内	3.0
おりはた	4.4
梨郷	6.8
西大塚	10.3
今泉	12.2
時庭	14.9
南長井	17.3
長井	18.3
あやめ公園	19.1
羽前成田	21.0
白兎	23.2
蚕桑	24.6
鮎貝	27.9
四季の郷	28.6
荒砥	30.5

仙台市交通局

南北線

年 月 日

駅名	営業キロ
泉中央	0.0
八乙女	1.2
黒松	2.5
旭ケ丘	3.3
台原	4.3
北仙台	5.4
北四番丁	6.6
勾当台公園	7.3
広瀬通	7.9
仙台	8.5
五橋	9.4
愛宕橋	10.0
河原町	10.9
長町一丁目	11.7
長町	12.4
長町南	13.3
富沢	14.8

東西線

年 月 日

駅名	営業キロ
八木山動物公園	0.0
青葉山	2.1
川内	3.6
国際センター	4.3
大町西公園	5.0
青葉通一番町	5.6
仙台	6.4
宮城野通	7.1
連坊	8.3
薬師堂	9.5
卸町	11.0
六丁の目	12.3
荒井	13.9

仙台空港鉄道

仙台空港線

年 月 日

駅名	営業キロ
仙台空港	0.0
美田園	3.3
杜せきのした	5.3
名取	7.1

阿武隈急行

阿武隈急行線

年 月 日

駅名	営業キロ
福島	0.0
卸町	5.6
福島学院前	6.5
瀬上	7.5
向瀬上	8.6
高子	10.1
上保原	11.5
保原	12.8
大泉	13.9
二井田	15.4
新田	17.0
梁川	18.3
やながわ希望の森公園前	20.0
富野	22.1
兜	25.2
あぶくま	29.4
丸森	37.5
北丸森	39.2
南角田	41.6
角田	43.3
横倉	45.2
岡	47.7
東船岡	51.3
槻木	54.9

福島交通

飯坂線

年 月 日

駅名	営業キロ
福島	0.0
曽根田	0.6
美術館図書館前	1.4
岩代清水	2.7
泉	3.0
上松川	3.7
笹谷	4.2
桜水	5.1
平野	6.2
医王寺前	7.4
花水坂	8.7
飯坂温泉	9.2

会津鉄道

会津線

年 月 日

駅名	営業キロ
会津高原尾瀬口	0.0
七ケ岳登山口	4.3
会津山村道場	7.3
会津荒海	8.2
中荒井	11.6
会津田島	15.4
田島高校前	17.9
会津長野	20.1
養鱒公園	22.8
ふるさと公園	24.9
会津下郷	26.3
弥五島	29.4
塔のへつり	30.9
湯野上温泉	34.7
芦ノ牧温泉南	39.7
大川ダム公園	41.2
芦ノ牧温泉	46.9
あまや	49.6
門田	52.5
一ノ堰六地蔵尊	53.4
南若松	54.4
西若松	57.4

野岩鉄道

会津鬼怒川線

年 月 日

駅名	営業キロ
新藤原	0.0
龍王峡	1.7
川治温泉	4.8
川治湯元	6.0
湯西川温泉	10.3
中三依温泉	16.8
上三依塩原温泉口	21.0
男鹿高原	25.0
会津高原尾瀬口	30.7

ひたちなか海浜鉄道

湊線

年 月 日

駅名	営業キロ
勝田	0.0
工機前	0.6
金上	1.8
中根	4.8
高田の鉄橋	7.1
那珂湊	8.2
殿山	9.6
平磯	10.8
美乃浜学園	12.6
磯崎	13.3
阿字ケ浦	14.3

鹿島臨海鉄道

大洗鹿島線

年 月 日

駅名	営業キロ
水戸	0.0
東水戸	3.8
常澄	8.3
大洗	11.6
涸沼	18.0
鹿島旭	22.8
徳宿	26.7
新鉾田	31.0
北浦湖畔	34.9
大洋	39.0
鹿島灘	43.1
鹿島大野	46.1
長者ケ浜	48.4
荒野台	50.1
鹿島サッカースタジアム	53.0

真岡鐵道

真岡線

年 月 日

駅名	営業キロ
下館	0.0
下館二高前	2.2
折本	4.6
ひぐち	6.6
久下田	8.5
寺内	12.6
真岡	16.4
北真岡	18.0
西田井	21.2
北山	22.9
益子	25.1
七井	28.4
多田羅	31.2
市塙	34.3
笹原田	38.1
天矢場	39.2
茂木	41.9

関東鉄道

常総線

年 月 日

駅名	営業キロ
取手	0.0
西取手	1.6
寺原	2.1
新取手	3.4
ゆめみ野	4.2
稲戸井	5.4
戸頭	6.3
南守谷	7.4
守谷	9.6
新守谷	11.4
小絹	13.0
水海道	17.5
北水海道	19.3
中妻	20.9
三妻	23.9
南石下	27.2
石下	28.8
玉村	31.0
宗道	33.0
下妻	36.1
大宝	38.7
騰波ノ江	41.0
黒子	43.6
大田郷	47.3
下館	51.1

竜ケ崎線

年 月 日

駅名	営業キロ
佐貫	0.0
入地	2.2
竜ケ崎	4.5

宇都宮ライトレール

宇都宮芳賀ライトレール線

年 月 日

駅名	営業キロ
宇都宮駅東口	0.0
東宿郷	0.4
駅東公園前	0.8
峰	1.5
陽東3丁目	2.1
宇都宮大学陽東キャンパス	2.8
平石	3.7
平石中小学校前	4.2
飛山城跡	6.1
清陵高校前	7.4
清原地区市民センター前	8.2
グリーンスタジアム前	9.0
ゆいの杜西	10.7
ゆいの杜中央	11.2
ゆいの杜東	11.7
芳賀台	12.4
芳賀町工業団地管理センター前	12.9
かしの森公園前	13.8
芳賀・高根沢工業団地	14.5

わたらせ渓谷鐵道

わたらせ渓谷線

年　月　日

駅名	営業キロ
桐生	0.0
下新田	1.9
相老	3.1
運動公園	4.2
大間々	7.3
上神梅	12.4
本宿	13.8
水沼	16.9
花輪	21.0
中野	22.0
小中	24.4
神戸	26.4
沢入	33.4
原向	38.7
通洞	41.9
足尾	42.8
間藤	44.1

上毛電気鉄道

上毛線

年　月　日

駅名	営業キロ
中央前橋	0.0
城東	0.8
三俣	1.6
片貝	2.2
上泉	3.2
赤坂	4.3
心臓血管センター	5.6
江木	6.2
大胡	8.3
樋越	9.9
北原	10.9
新屋	12.0
粕川	13.3
膳	14.3
新里	15.8
新川	17.7
東新川	18.7
赤城	19.6
桐生球場前	21.8
天王宿	22.8
富士山下	23.7
丸山下	24.3
西桐生	25.4

上信電鉄

上信線

年　月　日

駅名	営業キロ
高崎	0.0
南高崎	0.9
佐野のわたし	2.2
根小屋	3.7
高崎商科大学前	5.0
山名	6.1
西山名	7.0
馬庭	9.4
吉井	11.7
西吉井	13.4
上州新屋	14.6
上州福島	16.6
東富岡	19.3
上州富岡	20.2
西富岡	21.0
上州七日市	21.8
上州一ノ宮	23.1
神農原	25.4
南蛇井	28.2
千平	29.9
下仁田	33.7

秩父鉄道

秩父本線

年　月　日

駅名	営業キロ
羽生	0.0
西羽生	1.2
新郷	2.6
武州荒木	4.8
東行田	7.3
行田市	8.3
持田	10.1
ソシオ流通センター	11.6
熊谷	14.9
上熊谷	15.8
石原	17.0
ひろせ野鳥の森	18.5
大麻生	20.3
明戸	22.9
武川	24.8
永田	27.1
ふかや花園	28.2
小前田	30.5
桜沢	31.9
寄居	33.8
波久礼	37.7
樋口	42.1
野上	44.7
長瀞	46.5
上長瀞	47.6
親鼻	49.2
皆野	50.8
和銅黒谷	53.4
大野原	56.6
秩父	59.0
御花畑	59.7
影森	62.4
浦山口	63.8
武州中川	66.2
武州日野	67.7
白久	70.4
三峰口	71.7

西武-秩父線直通
(西武秩父-影森)

年　月　日

駅名	営業キロ
西武秩父	0.0
影森	2.7

筑波観光鉄道

筑波山ケーブルカー

年　月　日

駅名	営業キロ
宮脇	0.0
筑波山頂	1.6

首都圏新都市鉄道

つくばエクスプレス

年　月　日

駅名	営業キロ
秋葉原	0.0
新御徒町	1.6
浅草	3.1
南千住	5.6
北千住	7.5
青井	10.6
六町	12.0
八潮	15.6
三郷中央	19.3
南流山	22.1
流山セントラルパーク	24.3
流山おおたかの森	26.5
柏の葉キャンパス	30.0
柏たなか	32.0
守谷	37.7
みらい平	44.3
みどりの	48.6
万博記念公園	51.8
研究学園	55.6
つくば	58.3

東武鉄道

スカイツリーライン
(浅草-東武動物公園)

年　月　日

駅名	営業キロ
浅草	0.0
とうきょうスカイツリー	1.1
曳舟	2.4
東向島	3.2
鐘ケ淵	4.2
堀切	5.3
牛田	6.0
北千住	7.1
小菅	8.2
五反野	9.3
梅島	10.5
西新井	11.3
竹ノ塚	13.4
谷塚	15.9
草加	17.5
獨協大学前	19.2
新田	20.5
蒲生	21.9
新越谷	22.9
越谷	24.4
北越谷	26.0
大袋	28.5
せんげん台	29.8
武里	31.1
一ノ割	33.0
春日部	35.3
北春日部	36.8
姫宮	38.4
東武動物公園	41.0

伊勢崎線
(東武動物公園-伊勢崎)

年　月　日

駅名	営業キロ
東武動物公園	0.0
和戸	2.9
久喜	6.7
鷲宮	11.1
花崎	13.8
加須	17.5
南羽生	22.1
羽生	25.2
川俣	29.5
茂林寺前	31.4
館林	33.6
多々良	37.6
県	40.8
福居	42.9
東武和泉	44.1
足利市	45.8
野州山辺	47.5
韮川	50.8
太田	53.7
細谷	56.8
木崎	60.2
世良田	63.1
境町	65.3
剛志	69.0
新伊勢崎	72.3
伊勢崎	73.5

スカイツリーライン
(押上-曳舟)

年　月　日

駅名	営業キロ
押上	0.0
曳舟	1.3

亀戸線

年　月　日

駅名	営業キロ
曳舟	0.0
小村井	1.4
東あずま	2.0
亀戸水神	2.7
亀戸	3.4

大師線

年　月　日

駅名	営業キロ
西新井	0.0
大師前	1.0

日光線

年　月　日

駅名	営業キロ
東武動物公園	0.0
杉戸高野台	3.2
幸手	5.8
南栗橋	10.4
栗橋	13.9
新古河	20.6
柳生	23.6
板倉東洋大前	25.6
藤岡	29.5
静和	37.3
新大平下	40.1
栃木	44.9
新栃木	47.9
合戦場	50.0
家中	52.4
東武金崎	56.6
楡木	61.2
樅山	64.2
新鹿沼	66.8
北鹿沼	69.8
板荷	74.9
下小代	78.5
明神	81.3
下今市	87.4
上今市	88.4
東武日光	94.5

鬼怒川線

年　月　日

駅名	営業キロ
下今市	0.0
大谷向	0.8
大桑	4.8
新高徳	7.1
小佐越	9.9
鬼怒川温泉	12.4
鬼怒川公園	14.5
新藤原	16.2

宇都宮線

年　月　日

駅名	営業キロ
栃木	0.0
新栃木	3.0
野州平川	5.0
野州大塚	6.9
壬生	10.3
国谷	13.8
おもちゃのまち	15.6
安塚	17.8
西川田	21.3
江曽島	23.3
南宇都宮	25.1
東武宇都宮	27.3

佐野線

年　月　日

駅名	営業キロ
館林	0.0
渡瀬	2.7
田島	6.9
佐野市	9.0
佐野	11.5
堀米	13.1
吉水	15.2
田沼	17.7
多田	19.3
葛生	22.1

小泉線
(館林-西小泉)

年　月　日

駅名	営業キロ
館林	0.0
成島	2.6
本中野	6.8
篠塚	9.2
東小泉	11.0
小泉町	11.9
西小泉	13.2

小泉線
(太田-東小泉)

年　月　日

駅名	営業キロ
太田	0.0
竜舞	4.7
東小泉	9.1

桐生線

年　月　日

駅名	営業キロ
太田	0.0
三枚橋	3.4
治良門橋	5.9
藪塚	9.7
阿左美	13.1

駅名	営業キロ
新桐生	14.6
相老	16.9
赤城	20.3

アーバンパークライン

年　　月　　日

駅名	営業キロ
大宮	0.0
北大宮	1.2
大宮公園	2.2
大和田	4.0
七里	5.6
岩槻	8.5
東岩槻	10.9
豊春	12.2
八木崎	14.1
春日部	15.2
藤の牛島	17.8
南桜井	20.6
川間	22.9
七光台	25.4
清水公園	26.6
愛宕	27.7
野田市	28.6
梅郷	30.9
運河	33.2
江戸川台	35.1
初石	36.8
流山おおたかの森	38.4
豊四季	39.7
柏	42.9
新柏	45.8
増尾	47.1
逆井	48.0
高柳	50.2
六実	51.9
新鎌ケ谷	53.3
鎌ケ谷	55.2
馬込沢	57.7
塚田	60.1
新船橋	61.3
船橋	62.7

東上線

年　　月　　日

駅名	営業キロ
池袋	0.0
北池袋	1.2
下板橋	2.0
大山	3.0
中板橋	4.0
ときわ台	4.7
上板橋	6.0
東武練馬	7.4
下赤塚	8.9
成増	10.4
和光市	12.5
朝霞	14.0
朝霞台	16.4
志木	17.8
柳瀬川	19.3
みずほ台	20.6
鶴瀬	22.0
ふじみ野	24.2
上福岡	25.9
新河岸	28.3
川越	30.5
川越市	31.4
霞ケ関	34.8
鶴ケ島	37.0
若葉	38.9
坂戸	40.6
北坂戸	42.7

駅名	営業キロ
高坂	46.2
東松山	49.9
森林公園	52.6
つきのわ	55.4
武蔵嵐山	57.1
小川町	64.1
東武竹沢	67.1
みなみ寄居	68.9
男衾	70.8
鉢形	73.5
玉淀	74.4
寄居	75.0

越生線

年　　月　　日

駅名	営業キロ
坂戸	0.0
一本松	2.8
西大家	4.4
川角	5.6
武州長瀬	7.6
東毛呂	8.6
武州唐沢	9.4
越生	10.9

西武鉄道

池袋線

年　　月　　日

駅名	営業キロ
池袋	0.0
椎名町	1.9
東長崎	3.1
江古田	4.3
桜台	5.2
練馬	6.0
中村橋	7.5
富士見台	8.3
練馬高野台	9.5
石神井公園	10.6
大泉学園	12.5
保谷	14.1
ひばりヶ丘	16.4
東久留米	17.8
清瀬	19.6
秋津	21.8
所沢	24.8
西所沢	27.2
小手指	29.4
狭山ヶ丘	31.6
武蔵藤沢	32.9
稲荷山公園	35.9
入間市	36.8
仏子	39.7
元加治	41.0
飯能	43.7
東飯能	44.5
高麗	48.5
武蔵横手	51.3
東吾野	53.8
吾野	57.8

西武秩父線

年　　月　　日

駅名	営業キロ
吾野	0.0
西吾野	3.6
正丸	6.3
芦ヶ久保	12.4
横瀬	16.4
西武秩父	19.0

西武-秩父線直通
(横瀬-御花畑)

年　　月　　日

駅名	営業キロ
横瀬	0.0
御花畑	2.6

豊島線

年　　月　　日

駅名	営業キロ
練馬	0.0
豊島園	1.0

有楽町線

年　　月　　日

駅名	営業キロ
練馬	0.0
新桜台	1.4
小竹向原	2.6

狭山線

年　　月　　日

駅名	営業キロ
西所沢	0.0
下山口	1.8
西武球場前	4.2

新宿線

年　　月　　日

駅名	営業キロ
西武新宿	0.0
高田馬場	2.0
下落合	3.2
中井	3.9
新井薬師前	5.2
沼袋	6.1
野方	7.1
都立家政	8.0
鷺ノ宮	8.5
下井草	9.8
井荻	10.7
上井草	11.7
上石神井	12.8
武蔵関	14.1
東伏見	15.3
西武柳沢	16.3
田無	17.6
花小金井	19.9
小平	22.6
久米川	24.6
東村山	26.0
所沢	28.9
航空公園	30.5
新所沢	31.7
入曽	35.6
狭山市	38.6
新狭山	41.3
南大塚	43.9
本川越	47.5

拝島線

年　　月　　日

駅名	営業キロ
小平	0.0
萩山	1.1
小川	2.7
東大和市	5.7
玉川上水	7.2
武蔵砂川	9.6
西武立川	11.6
拝島	14.3

多摩湖線
(国分寺-萩山)

年　　月　　日

駅名	営業キロ
国分寺	0.0
一橋学園	2.4
青梅街道	3.4
萩山	4.6

多摩湖線
(萩山-西武遊園地)

年　　月　　日

駅名	営業キロ
萩山	0.0
八坂	1.0
武蔵大和	3.5
多摩湖	4.6

国分寺線

年　　月　　日

駅名	営業キロ
国分寺	0.0
恋ヶ窪	2.1
鷹の台	3.6
小川	5.1
東村山	7.8

西武園線

年　　月　　日

駅名	営業キロ
東村山	0.0
西武園	2.4

多摩川線

年　　月　　日

駅名	営業キロ
武蔵境	0.0
新小金井	1.9
多磨	4.1
白糸台	5.5
競艇場前	7.0
是政	8.0

山口線

年　　月　　日

駅名	営業キロ
多摩湖	0.0
西武ゆうえんち	0.3
西武球場前	2.8

埼玉新都市交通

ニューシャトル

年　　月　　日

駅名	営業キロ
大宮	0.0
鉄道博物館	1.5
加茂宮	3.2
東宮原	4.0
今羽	4.8
吉野原	5.6
原市	6.4
沼南	7.2
丸山	8.2
志久	9.4
伊奈中央	10.5
羽貫	11.6
内宿	12.7

埼玉高速鉄道

埼玉高速鉄道線

年　　月　　日

駅名	営業キロ
赤羽岩淵	0.0
川口元郷	2.4
南鳩ケ谷	4.3
鳩ケ谷	5.9
新井宿	7.5
戸塚安行	10.0
東川口	12.2
浦和美園	14.6

流鉄

流山線

年　　月　　日

駅名	営業キロ
馬橋	0.0
幸谷	1.7
小金城趾	2.8
鰭ケ崎	3.6
平和台	5.1
流山	5.7

京成電鉄

京成本線

年　　月　　日

駅名	営業キロ
京成上野	0.0
日暮里	2.1
新三河島	3.4
町屋	4.3
千住大橋	5.9
京成関屋	7.3
堀切菖蒲園	8.8
お花茶屋	9.9
青砥	11.5
京成高砂	12.7
京成小岩	14.5
江戸川	15.7
国府台	16.4
市川真間	17.3
菅野	18.2
京成八幡	19.1
鬼越	20.1
京成中山	20.8
東中山	21.6
京成西船	22.2
海神	23.6
京成船橋	25.1
大神宮下	26.4
船橋競馬場	27.2
谷津	28.2
京成津田沼	29.7
京成大久保	32.1
実籾	34.0
八千代台	36.8
京成大和田	38.7
勝田台	40.3
志津	41.2
ユーカリが丘	43.2
京成臼井	45.7
京成佐倉	51.0
大佐倉	53.0
京成酒々井	55.0
宗吾参道	57.0
公津の杜	58.6

駅名	営業キロ
京成成田	61.2
空港第2ビル	68.3
成田空港	69.3

東成田線

年　　月　　日

駅名	営業キロ
京成成田	0.0
東成田	7.1

金町線

年　　月　　日

駅名	営業キロ
京成高砂	0.0
柴又	1.0
京成金町	2.5

押上線

年　　月　　日

駅名	営業キロ
押上	0.0
京成曳舟	1.1
八広	2.3
四ツ木	3.1
京成立石	4.6
青砥	5.7
京成高砂	6.9

千葉線

年　　月　　日

駅名	営業キロ
京成津田沼	0.0
京成幕張本郷	2.1
京成幕張	4.0
検見川	5.3
京成稲毛	8.1
みどり台	9.9
西登戸	10.9
新千葉	11.7
京成千葉	12.3
千葉中央	12.9

千原線

年　　月　　日

駅名	営業キロ
千葉中央	0.0
千葉寺	2.5
大森台	4.2
学園前	7.3
おゆみ野	9.1
ちはら台	10.9

京成スカイアクセス・北総鉄道

成田スカイアクセス線・北総線

年　　月　　日

駅名	営業キロ
京成高砂	0.0
新柴又	1.3
矢切	3.2
北国分	4.7
秋山	6.2
東松戸	7.5
松飛台	8.9
大町	10.4
新鎌ケ谷	12.7
西白井	15.8
白井	17.8
小室	19.8
千葉ニュータウン中央	23.8
印西牧の原	28.5
印旛日本医大	32.3
成田湯川	40.7
空港第2ビル	50.4
成田空港	51.4

芝山鉄道

芝山鉄道線

年　　月　　日

駅名	営業キロ
東成田	0.0
芝山千代田	2.2

新京成電鉄

新京成線

年　　月　　日

駅名	営業キロ
松戸	0.0
上本郷	1.7
松戸新田	2.4
みのり台	3.0
八柱	3.8
常盤平	5.6
五香	7.4
元山	8.7
くぬぎ山	9.6
北初富	11.3
新鎌ケ谷	12.1
初富	13.3
鎌ケ谷大仏	15.4
二和向台	16.3
三咲	17.1
滝不動	18.5
高根公団	19.5
高根木戸	20.1
北習志野	21.0
習志野	21.7
薬園台	22.5
前原	23.9
新津田沼	25.3
京成津田沼	26.5

東葉高速鉄道

東葉高速線

年　　月　　日

駅名	営業キロ
西船橋	0.0
東海神	2.1
飯山満	6.1
北習志野	8.1
船橋日大前	9.8
八千代緑が丘	11.0
八千代中央	13.8
村上	15.2
東葉勝田台	16.2

山万

ユーカリが丘線

年　　月　　日

駅名	営業キロ
ユーカリが丘	0.0
地区センター	0.5
公園	1.0
女子大	1.9
中学校	2.7
井野	3.5
公園	4.1

千葉都市モノレール

1号線

年　　月　　日

駅名	営業キロ
千葉みなと	0.0
市役所前	0.7
千葉	1.5
栄町	2.0
葭川公園	2.5
県庁前	3.2

2号線

年　　月　　日

駅名	営業キロ
千葉	0.0
千葉公園	1.1
作草部	1.8
天台	2.5
穴川	3.4
スポーツセンター	4.0
動物公園	5.2
みつわ台	6.2
都賀	7.7
桜木	9.0
小倉台	10.2
千城台北	11.2
千城台	12.0

いすみ鉄道

いすみ線

年　　月　　日

駅名	営業キロ
大原	0.0
西大原	1.7
上総東	5.2
新田野	7.4
国吉	8.8
上総中川	12.0
城見ケ丘	14.8
大多喜	15.9
小谷松	18.2
東総元	19.6
久我原	20.8
総元	22.2
西畑	25.1
上総中野	26.8

小湊鉄道

小湊鉄道線

年　　月　　日

駅名	営業キロ
五井	0.0
上総村上	2.5
海士有木	5.4
上総三又	7.2
上総山田	8.6
光風台	10.6
馬立	12.4
上総牛久	16.4
上総川間	18.5
上総鶴舞	20.0
上総久保	22.0
高滝	23.8
里見	25.7
飯給	27.5
月崎	29.8
上総大久保	32.3
養老渓谷	34.9
上総中野	39.1

銚子電気鉄道

銚子電気鉄道線

年　　月　　日

駅名	営業キロ
銚子	0.0
仲ノ町	0.5
観音	1.1
本銚子	1.8
笠上黒生	2.7
西海鹿島	3.2
海鹿島	3.6
君ケ浜	4.7
犬吠	5.5
外川	6.4

東京地下鉄

銀座線

年　　月　　日

駅名	営業キロ
浅草	0.0
田原町	0.8
稲荷町	1.5
上野	2.2
上野広小路	2.7
末広町	3.3
神田	4.4
三越前	5.1
日本橋	5.7
京橋	6.4
銀座	7.1
新橋	8.0
虎ノ門	8.8
溜池山王	9.4
赤坂見附	10.3
青山一丁目	11.6
外苑前	12.3
表参道	13.0
渋谷	14.2

丸ノ内線

年　　月　　日

駅名	営業キロ
池袋	0.0
新大塚	1.8
茗荷谷	3.0
後楽園	4.8
本郷三丁目	5.6
御茶ノ水	6.4
淡路町	7.2
大手町	8.1
東京	8.7
銀座	9.8
霞ケ関	10.8
国会議事堂前	11.5
赤坂見附	12.4
四ツ谷	13.7
四谷三丁目	14.7
新宿御苑前	15.6
新宿三丁目	16.3
新宿	16.6
西新宿	17.4
中野坂上	18.5
新中野	19.6
東高円寺	20.6
新高円寺	21.5
南阿佐ケ谷	22.7
荻窪	24.2

丸ノ内線(分岐線)

年　　月　　日

駅名	営業キロ
中野坂上	0.0
中野新橋	1.3
中野富士見町	1.9
方南町	3.2

日比谷線

年　　月　　日

駅名	営業キロ
北千住	0.0
南千住	2.1
三ノ輪	2.9
入谷	4.1
上野	5.3
仲御徒町	5.8
秋葉原	6.8
小伝馬町	7.7
人形町	8.3
茅場町	9.2
八丁堀	9.7
築地	10.7
東銀座	11.3
銀座	11.7
日比谷	12.1
霞ケ関	13.3
虎ノ門ヒルズ	14.1
神谷町	14.6
六本木	16.1
広尾	17.8
恵比寿	19.3
中目黒	20.3

東西線

年　　月　　日

駅名	営業キロ
中野	0.0
落合	2.0
高田馬場	3.9
早稲田	5.6
神楽坂	6.8
飯田橋	8.0
九段下	8.7
竹橋	9.7
大手町	10.7
日本橋	11.5
茅場町	12.0
門前仲町	13.8
木場	14.9
東陽町	15.8
南砂町	17.0
西葛西	19.7
葛西	20.9
浦安	22.8
南行徳	24.0
行徳	25.5
妙典	26.8
原木中山	28.9
西船橋	30.8

千代田線

年　　月　　日

駅名	営業キロ
綾瀬	0.0
北千住	2.5

駅名	営業キロ
町屋	5.1
西日暮里	6.8
千駄木	7.7
根津	8.7
湯島	9.9
新御茶ノ水	11.1
大手町	12.4
二重橋前	13.1
日比谷	13.7
霞ケ関	15.0
国会議事堂前	15.7
赤坂	16.5
乃木坂	17.6
表参道	19.0
明治神宮前	19.9
代々木公園	21.1
代々木上原	22.1

千代田線(北綾瀬支線)

年　　月　　日

駅名	営業キロ
北綾瀬	0.0
綾瀬	2.1

有楽町線

年　　月　　日

駅名	営業キロ
和光市	0.0
地下鉄成増	2.2
地下鉄赤塚	3.6
平和台	5.4
氷川台	6.8
小竹向原	8.3
千川	9.3
要町	10.3
池袋	11.5
東池袋	12.4
護国寺	13.5
江戸川橋	14.8
飯田橋	16.4
市ケ谷	17.5
麹町	18.4
永田町	19.3
桜田門	20.2
有楽町	21.2
銀座一丁目	21.7
新富町	22.4
月島	23.7
豊洲	25.1
辰巳	26.8
新木場	28.3

半蔵門線

年　　月　　日

駅名	営業キロ
渋谷	0.0
表参道	1.3
青山一丁目	2.7
永田町	4.0
半蔵門	5.0
九段下	6.6
神保町	7.0
大手町	8.7
三越前	9.4
水天宮前	10.7
清澄白河	12.4
住吉	14.3
錦糸町	15.3
押上	16.7

南北線

年　　月　　日

駅名	営業キロ
目黒	0.0
白金台	1.3
白金高輪	2.3
麻布十番	3.6
六本木一丁目	4.8
溜池山王	5.7
永田町	6.6
四ツ谷	7.9
市ケ谷	8.9
飯田橋	10.0
後楽園	11.4
東大前	12.7
本駒込	13.6
駒込	15.0
西ケ原	16.4
王子	17.4
王子神谷	18.6
志茂	20.2
赤羽岩淵	21.3

副都心線

年　　月　　日

駅名	営業キロ
小竹向原	0.0
千川	1.0
要町	2.0
池袋	3.2
雑司が谷	5.0
西早稲田	6.5
東新宿	7.4
新宿三丁目	8.5
北参道	9.9
明治神宮前	11.1
渋谷	12.1

東京都交通局

浅草線

年　　月　　日

駅名	営業キロ
西馬込	0.0
馬込	1.2
中延	2.1
戸越	3.2
五反田	4.8
高輪台	5.5
泉岳寺	6.9
三田	8.0
大門	9.5
新橋	10.5
東銀座	11.4
宝町	12.2
日本橋	13.0
人形町	13.8
東日本橋	14.5
浅草橋	15.2
蔵前	15.9
浅草	16.8
本所吾妻橋	17.5
押上	18.3

三田線

年　　月　　日

駅名	営業キロ
目黒	0.0
白金台	1.3
白金高輪	2.3
三田	4.0
芝公園	4.6
御成門	5.3
内幸町	6.4
日比谷	7.3
大手町	8.2
神保町	9.6
水道橋	10.6
春日	11.3
白山	12.7
千石	13.7
巣鴨	14.6
西巣鴨	16.0
新板橋	17.0
板橋区役所前	17.9
板橋本町	19.1
本蓮沼	20.0
志村坂上	21.1
志村三丁目	22.0
蓮根	23.2
西台	24.0
高島平	25.0
新高島平	25.7
西高島平	26.5

新宿線

年　　月　　日

駅名	営業キロ
新宿	0.0
新宿三丁目	0.8
曙橋	2.3
市ケ谷	3.7
九段下	5.0
神保町	5.6
小川町	6.5
岩本町	7.3
馬喰横山	8.1
浜町	8.7
森下	9.5
菊川	10.3
住吉	11.2
西大島	12.2
大島	12.9
東大島	14.1
船堀	15.8
一之江	17.5
瑞江	19.2
篠崎	20.7
本八幡	23.5

大江戸線（光が丘-都庁前）

年　　月　　日

駅名	営業キロ
光が丘	0.0
練馬春日町	1.4
豊島園	2.9
練馬	3.8
新江古田	5.4
落合南長崎	7.0
中井	8.3
東中野	9.1
中野坂上	10.1
西新宿五丁目	11.3
都庁前	12.1

大江戸線（環状部）

年　　月　　日

駅名	営業キロ
都庁前	0.0
新宿	0.8
代々木	1.5
国立競技場	2.9
青山一丁目	4.1
六本木	5.4
麻布十番	6.5
赤羽橋	7.3
大門	8.6
汐留	9.5
築地市場	10.4
勝どき	11.9
月島	12.7
門前仲町	14.1
清澄白河	15.3
森下	15.9
両国	16.9
蔵前	18.1
新御徒町	19.1
上野御徒町	19.9
本郷三丁目	21.0
春日	21.8
飯田橋	22.8
牛込神楽坂	23.8
牛込柳町	24.8
若松河田	25.4
東新宿	26.4
新宿西口	27.8
都庁前	28.6

荒川線

年　　月　　日

駅名	営業キロ
三ノ輪橋	0.0
荒川一中前	0.3
荒川区役所前	0.6
荒川二丁目	1.0
荒川七丁目	1.4
町屋駅前	1.8
町屋二丁目	2.2
東尾久三丁目	2.5
熊野前	3.1
宮ノ前	3.5
小台	3.8
荒川遊園地前	4.1
荒川車庫前	4.6
梶原	5.0
栄町	5.5
王子駅前	6.0
飛鳥山	6.5
滝野川一丁目	6.9
西ケ原四丁目	7.3
新庚申塚	7.7
庚申塚	7.9
巣鴨新田	8.4
大塚駅前	8.9
向原	9.4
東池袋四丁目	10.0
都電雑司ケ谷	10.2
鬼子母神前	10.7
学習院下	11.2
面影橋	11.7
早稲田	12.2

日暮里・舎人ライナー

年　　月　　日

駅名	営業キロ
日暮里	0.0
西日暮里	0.7
赤土小学校前	1.7
熊野前	2.4
足立小台	3.0
扇大橋	4.1
高野	4.6
江北	5.2
西新井大師西	6.0
谷在家	6.8
舎人公園	7.7
舎人	8.7
見沼代親水公園	9.7

ゆりかもめ

東京臨海新交通臨海線

年　　月　　日

駅名	営業キロ
新橋	0.0
汐留	0.4
竹芝	1.6
日の出	2.2
芝浦ふ頭	3.1
お台場海浜公園	7.0
台場	7.8
東京国際クルーズターミナル	8.4
テレコムセンター	9.2
青海	10.2
東京ビッグサイト	11.3
有明	12.0
有明テニスの森	12.7
市場前	13.5
新豊洲	14.0
豊洲	14.7

東京臨海高速鉄道

りんかい線

年　　月　　日

駅名	営業キロ
新木場	0.0
東雲	1.7
国際展示場	3.5
東京テレポート	4.9
天王洲アイル	7.8
品川シーサイド	8.9
大井町	10.5
大崎	12.2

東京モノレール

羽田空港線

年　　月　　日

駅名	営業キロ
モノレール浜松町	0.0
天王洲アイル	4.0
大井競馬場前	7.1
流通センター	8.7
昭和島	9.9
整備場	11.8
天空橋	12.6
羽田空港第3ターミナル	14.0
新整備場	16.2
羽田空港第1ターミナル	17.0
羽田空港第2ターミナル	17.8

舞浜リゾートライン

ディズニーリゾートライン

年　　月　　日

駅名	営業キロ
リゾートゲートウェイ・ステーション	0.0
東京ディズニーランド・ステーション	0.6
ベイサイド・ステーション	1.8

駅名	営業キロ
東京ディズニーシー・ステーション	3.7
リゾートゲートウェイ・ステーション	5.0

京王電鉄

京王線

年　　月　　日

駅名	営業キロ
新宿	0.0
笹塚	3.6
代田橋	4.4
明大前	5.2
下高井戸	6.1
桜上水	7.0
上北沢	7.8
八幡山	8.4
芦花公園	9.1
千歳烏山	9.9
仙川	11.5
つつじヶ丘	12.5
柴崎	13.3
国領	14.2
布田	14.9
調布	15.5
西調布	17.0
飛田給	17.7
武蔵野台	18.8
多磨霊園	19.6
東府中	20.4
府中	21.9
分倍河原	23.1
中河原	24.7
聖蹟桜ケ丘	26.3
百草園	28.0
高幡不動	29.7
南平	32.1
平山城址公園	33.4
長沼	34.9
北野	36.1
京王八王子	37.9

京王新線

年　　月　　日

駅名	営業キロ
新宿	0.0
初台	1.7
幡ケ谷	2.7
笹塚	3.6

競馬場線

年　　月　　日

駅名	営業キロ
東府中	0.0
府中競馬正門前	0.9

動物園線

年　　月　　日

駅名	営業キロ
高幡不動	0.0
多摩動物公園	2.0

相模原線

年　　月　　日

駅名	営業キロ
調布	0.0
京王多摩川	1.2
京王稲田堤	2.5
京王よみうりランド	3.9
稲城	5.5
若葉台	8.8
京王永山	11.4
京王多摩センター	13.7
京王堀之内	16.0
南大沢	18.2
多摩境	20.1
橋本	22.6

高尾線

年　　月　　日

駅名	営業キロ
北野	0.0
京王片倉	1.7
山田	3.2
めじろ台	4.3
狭間	5.8
高尾	6.9
高尾山口	8.6

井の頭線

年　　月　　日

駅名	営業キロ
渋谷	0.0
神泉	0.5
駒場東大前	1.4
池ノ上	2.4
下北沢	3.0
新代田	3.5
東松原	4.0
明大前	4.9
永福町	6.0
西永福	6.7
浜田山	7.5
高井戸	8.7
富士見ケ丘	9.4
久我山	10.2
三鷹台	11.2
井の頭公園	12.1
吉祥寺	12.7

小田急電鉄

小田原線

年　　月　　日

駅名	営業キロ
新宿	0.0
南新宿	0.8
参宮橋	1.5
代々木八幡	2.7
代々木上原	3.5
東北沢	4.2
下北沢	4.9
世田谷代田	5.6
梅ケ丘	6.3
豪徳寺	7.0
経堂	8.0
千歳船橋	9.2
祖師ケ谷大蔵	10.6
成城学園前	11.6
喜多見	12.7
狛江	13.8
和泉多摩川	14.4
登戸	15.2
向ケ丘遊園	15.8
生田	17.9
読売ランド前	19.2
百合ケ丘	20.5
新百合ケ丘	21.5
柿生	23.4
鶴川	25.1
玉川学園前	27.9
町田	30.8
相模大野	32.3
小田急相模原	34.7
相武台前	36.9
座間	39.2
海老名	42.5
厚木	44.1
本厚木	45.4
愛甲石田	48.5
伊勢原	52.2
鶴巻温泉	55.9
東海大学前	57.0
秦野	61.7
渋沢	65.6
新松田	71.8
開成	74.3
栢山	76.2
富水	77.8
螢田	79.2
足柄	80.8
小田原	82.5

多摩線

年　　月　　日

駅名	営業キロ
新百合ケ丘	0.0
五月台	1.5
栗平	2.8
黒川	4.1
はるひ野	4.9
小田急永山	6.8
小田急多摩センター	9.1
唐木田	10.6

江ノ島線

年　　月　　日

駅名	営業キロ
相模大野	0.0
東林間	1.5
中央林間	3.0
南林間	4.5
鶴間	5.1
大和	7.6
桜ケ丘	9.8
高座渋谷	11.8
長後	14.0
湘南台	15.8
六会日大前	17.3
善行	19.7
藤沢本町	21.3
藤沢	23.1
本鵠沼	24.6
鵠沼海岸	25.9
片瀬江ノ島	27.6

松田連絡線

年　　月　　日

駅名	営業キロ
渋沢	0.0
松田	6.2

多摩都市モノレール

多摩モノレール

年　　月　　日

駅名	営業キロ
多摩センター	0.0
松が谷	0.9
大塚・帝京大学	1.7
中央大学・明星大学	2.6
多摩動物公園	3.7
程久保	4.7
高幡不動	5.5
万願寺	6.7
甲州街道	8.0
柴崎体育館	9.5
立川南	10.2
立川北	10.6
高松	11.8
立飛	12.4
泉体育館	13.0
砂川七番	13.5
玉川上水	14.5
桜街道	15.3
上北台	16.0

高尾登山電鉄

高尾登山ケーブル

年　　月　　日

駅名	営業キロ
清滝	0.0
高尾山	1.0

御岳登山鉄道

御岳登山ケーブル

年　　月　　日

駅名	営業キロ
滝本	0.0
御岳山	1.0

大山観光電鉄

大山ケーブル

年　　月　　日

駅名	営業キロ
大山ケーブル	0.0
大山寺	0.4
阿夫利神社	0.8

東急

東横線

年　　月　　日

駅名	営業キロ
渋谷	0.0
代官山	1.5
中目黒	2.2
祐天寺	3.2
学芸大学	4.2
都立大学	5.6
自由が丘	7.0
田園調布	8.2
多摩川	9.0
新丸子	10.3
武蔵小杉	10.8
元住吉	12.1
日吉	13.6
綱島	15.8
大倉山	17.5
菊名	18.8
妙蓮寺	20.2
白楽	21.4
東白楽	22.1
反町	23.3
横浜	24.2

田園都市線

年　　月　　日

駅名	営業キロ
渋谷	0.0
池尻大橋	1.9
三軒茶屋	3.3
駒沢大学	4.8
桜新町	6.3
用賀	7.6
二子玉川	9.4
二子新地	10.1
高津	10.7
溝の口	11.4
梶が谷	12.2
宮崎台	13.7
宮前平	14.7
鷺沼	15.7
たまプラーザ	17.1
あざみ野	18.2
江田	19.3
市が尾	20.6
藤が丘	22.1
青葉台	23.1
田奈	24.5
長津田	25.6
つくし野	26.8
すずかけ台	28.0
南町田グランベリーパーク	29.2
つきみ野	30.3
中央林間	31.5

こどもの国線

年　　月　　日

駅名	営業キロ
長津田	0.0
恩田	1.8
こどもの国	3.4

目黒線

年　　月　　日

駅名	営業キロ
目黒	0.0
不動前	1.0
武蔵小山	1.9
西小山	2.6
洗足	3.3
大岡山	4.3
奥沢	5.5
田園調布	6.5
多摩川	7.3
新丸子	8.6
武蔵小杉	9.1
元住吉	10.4
日吉	11.9

東急多摩川線

年　　月　　日

駅名	営業キロ
多摩川	0.0
沼部	0.9
鵜の木	2.0
下丸子	2.6
武蔵新田	3.4
矢口渡	4.3
蒲田	5.6

大井町線

年　　月　　日

駅名	営業キロ
大井町	0.0
下神明	0.8

駅名	営業キロ
戸越公園	1.5
中延	2.1
荏原町	2.7
旗の台	3.2
北千束	4.0
大岡山	4.8
緑が丘	5.3
自由が丘	6.3
九品仏	7.1
尾山台	7.8
等々力	8.3
上野毛	9.2
二子玉川	10.4
二子新地	11.1
高津	11.7
溝の口	12.4

池上線

年	月	日

駅名	営業キロ
五反田	0.0
大崎広小路	0.3
戸越銀座	1.4
荏原中延	2.1
旗の台	3.1
長原	3.7
洗足池	4.3
石川台	4.9
雪が谷大塚	5.6
御嶽山	6.4
久が原	7.1
千鳥町	8.0
池上	9.1
蓮沼	10.1
蒲田	10.9

世田谷線

年	月	日

駅名	営業キロ
三軒茶屋	0.0
西太子堂	0.3
若林	0.9
松陰神社前	1.4
世田谷	1.9
上町	2.2
宮の坂	2.7
山下	3.4
松原	4.2
下高井戸	5.0

東急新横浜線

年	月	日

駅名	営業キロ
新横浜	0.0
新綱島	3.6
日吉	5.8

横浜高速鉄道

みなとみらい線

年	月	日

駅名	営業キロ
横浜	0.0
新高島	0.8
みなとみらい	1.7
馬車道	2.6
日本大通り	3.2
元町・中華街	4.1

相模鉄道

本線

年	月	日

駅名	営業キロ
横浜	0.0
平沼橋	0.9
西横浜	1.8
天王町	2.4
星川	3.3
和田町	4.3
上星川	5.1
西谷	6.9
鶴ケ峰	8.5
二俣川	10.5
希望ケ丘	12.2
三ツ境	13.6
瀬谷	15.5
大和	17.4
相模大塚	19.3
さがみ野	20.5
かしわ台	21.8
海老名	24.6

いずみ野線

年	月	日

駅名	営業キロ
二俣川	0.0
南万騎が原	1.6
緑園都市	3.1
弥生台	4.9
いずみ野	6.0
いずみ中央	8.2
ゆめが丘	9.3
湘南台	11.3

相鉄新横浜線

年	月	日

駅名	営業キロ
西谷	0.0
羽沢横浜国大	2.1
新横浜	6.3

京浜急行電鉄

本線

年	月	日

駅名	営業キロ
泉岳寺	0.0
品川	1.2
北品川	1.9
新馬場	2.6
青物横丁	3.4
鮫洲	3.9
立会川	4.7
大森海岸	6.0
平和島	6.9
大森町	7.7
梅屋敷	8.4
京急蒲田	9.2
雑色	10.6
六郷土手	11.8
京急川崎	13.0
八丁畷	14.3
鶴見市場	15.0
京急鶴見	16.5
花月総持寺	17.3
生麦	18.1
京急新子安	19.5
子安	20.5
神奈川新町	21.2

駅名	営業キロ
京急東神奈川	21.7
神奈川	22.7
横浜	23.4
戸部	24.6
日ノ出町	26.0
黄金町	26.8
南太田	27.7
井土ケ谷	28.9
弘明寺	30.3
上大岡	32.0
屏風浦	34.2
杉田	35.5
京急富岡	37.9
能見台	38.6
金沢文庫	40.7
金沢八景	42.1
追浜	44.0
京急田浦	45.7
安針塚	48.3
逸見	49.4
汐入	50.4
横須賀中央	51.1
県立大学	52.3
堀ノ内	53.5
京急大津	54.3
馬堀海岸	55.4
浦賀	56.7

久里浜線

年	月	日

駅名	営業キロ
堀ノ内	0.0
新大津	0.8
北久里浜	1.7
京急久里浜	4.5
ＹＲＰ野比	7.2
京急長沢	8.5
津久井浜	9.7
三浦海岸	11.2
三崎口	13.4

空港線

年	月	日

駅名	営業キロ
京急蒲田	0.0
糀谷	0.9
大鳥居	1.9
穴守稲荷	2.6
天空橋	3.3
羽田空港第3ターミナル	4.5
羽田空港第1・第2ターミナル	6.5

大師線

年	月	日

駅名	営業キロ
京急川崎	0.0
港町	1.2
鈴木町	2.0
川崎大師	2.5
東門前	3.2
大師橋	3.8
小島新田	4.5

逗子線

年	月	日

駅名	営業キロ
金沢八景	0.0
六浦	1.3
神武寺	4.1
逗子・葉山	5.9

横浜シーサイドライン

金沢シーサイドライン

年	月	日

駅名	営業キロ
新杉田	0.0
南部市場	1.3
鳥浜	2.2
並木北	2.8
並木中央	3.5
幸浦	4.3
産業振興センター	5.0
福浦	5.6
市大医学部	6.3
八景島	7.5
海の公園柴口	8.1
海の公園南口	8.8
野島公園	9.6
金沢八景	10.8

横浜市交通局

ブルーライン

年	月	日

駅名	営業キロ
あざみ野	0.0
中川	1.5
センター北	3.1
センター南	4.0
仲町台	6.3
新羽	8.6
北新横浜	9.6
新横浜	10.9
岸根公園	12.5
片倉町	13.7
三ツ沢上町	15.6
三ツ沢下町	16.5
横浜	17.9
高島町	19.0
桜木町	20.0
関内	20.7
伊勢佐木長者町	21.4
阪東橋	22.3
吉野町	22.8
蒔田	23.9
弘明寺	25.0
上大岡	26.6
港南中央	27.7
上永谷	29.4
下永谷	30.7
舞岡	31.4
戸塚	33.0
踊場	34.7
中田	35.6
立場	36.7
下飯田	38.8
湘南台	40.4

グリーンライン

年	月	日

駅名	営業キロ
日吉	0.0
日吉本町	1.4
高田	2.7
東山田	4.2
北山田	5.6
センター北	7.3
センター南	8.2
都筑ふれあいの丘	9.9
川和町	11.3
中山	13.0

江ノ島電鉄

江ノ島電鉄線

年	月	日

駅名	営業キロ
藤沢	0.0
石上	0.6
柳小路	1.2
鵠沼	1.9
湘南海岸公園	2.7
江ノ島	3.3
腰越	3.9
鎌倉高校前	4.7
七里ケ浜	5.6
稲村ケ崎	6.8
極楽寺	7.6
長谷	8.3
由比ケ浜	8.9
和田塚	9.2
鎌倉	10.0

湘南モノレール

江の島線

年	月	日

駅名	営業キロ
大船	0.0
富士見町	0.9
湘南町屋	2.0
湘南深沢	2.6
西鎌倉	4.7
片瀬山	5.5
目白山下	6.2
湘南江の島	6.6

箱根登山鉄道

箱根登山電車

年	月	日

駅名	営業キロ
小田原	0.0
箱根板橋	1.7
風祭	3.2
入生田	4.2
箱根湯本	6.1
塔ノ沢	7.1
大平台	9.9
宮ノ下	12.1
小涌谷	13.4
彫刻の森	14.3
強羅	15.0

箱根登山鉄道 ケーブル

年	月	日

駅名	営業キロ
強羅	0.0
公園下	0.3
公園上	0.5
中強羅	0.7
上強羅	0.9
早雲山	1.2

伊豆箱根鉄道

大雄山線

年	月	日

駅名	営業キロ
小田原	0.0

駅名	営業キロ
緑町	0.4
井細田	1.4
五百羅漢	2.3
穴部	3.1
飯田岡	4.3
相模沼田	5.0
岩原	6.0
塚原	6.3
和田河原	8.2
富士フイルム前	9.1
大雄山	9.6

駿豆線

年　　月　　日

駅名	営業キロ
三島	0.0
三島広小路	1.3
三島田町	2.0
三島二日町	2.9
大場	5.5
伊豆仁田	7.0
原木	8.5
韮山	9.8
伊豆長岡	11.4
田京	14.2
大仁	16.6
牧之郷	18.6
修善寺	19.8

伊豆急行

伊豆急行線

年　　月　　日

駅名	営業キロ
伊東	0.0
南伊東	2.0
川奈	6.1
富戸	11.5
城ケ崎海岸	13.9
伊豆高原	15.9
伊豆大川	20.9
伊豆北川	22.9
伊豆熱川	24.3
片瀬白田	26.1
伊豆稲取	30.3
今井浜海岸	34.2
河津	35.3
稲梓	40.7
蓮台寺	43.4
伊豆急下田	45.7

岳南電車

岳南線

年　　月　　日

駅名	営業キロ
吉原	0.0
ジヤトコ前（ジヤトコ1地区前）	2.3
吉原本町	2.7
本吉原	3.0
岳南原田	4.4
比奈	5.4
岳南富士岡	6.4
須津	7.3
神谷	8.2
岳南江尾	9.2

富士山麓電気鉄道

富士急行線（大月線）

年　　月　　日

駅名	営業キロ
大月	0.0
上大月	0.6
田野倉	3.0
禾生	5.6
赤坂	7.1
都留市	8.6
谷村町	9.4
都留文科大学前	10.6
十日市場	11.5
東桂	13.1
三つ峠	15.8
寿	18.8
葭池温泉前	20.2
下吉田	21.1
月江寺	21.9
富士山	23.6

富士急行線（河口湖線）

年　　月　　日

駅名	営業キロ
富士山	0.0
富士急ハイランド	1.4
河口湖	3.0

十国峠パノラマケーブルカー

年　　月　　日

駅名	営業キロ
十国峠登り口	0.0
十国峠	0.3

アルピコ交通

上高地線

年　　月　　日

駅名	営業キロ
松本	0.0
西松本	0.4
渚	1.1
信濃荒井	1.9
大庭	2.6
下新	4.4
北新・松本大学前	5.4
新村	6.2
三溝	7.6
森口	8.6
下島	9.5
波田	11.1
渕東	12.7
新島々	14.4

しなの鉄道

しなの鉄道線

年　　月　　日

駅名	営業キロ
軽井沢	0.0
中軽井沢	4.0
信濃追分	7.2
御代田	13.2
平原	18.3
小諸	22.0
滋野	27.9
田中	31.3
大屋	34.7
信濃国分寺	37.1
上田	40.0
西上田	44.4
テクノさかき	47.9
坂城	50.4
戸倉	54.9
千曲	57.1
屋代	59.9
屋代高校前	61.8
篠ノ井	65.1

北しなの線

年　　月　　日

駅名	営業キロ
長野	0.0
北長野	3.9
三才	6.8
豊野	10.8
牟礼	18.6
古間	25.1
黒姫	28.9
妙高高原	37.3

上田電鉄

別所線

年　　月　　日

駅名	営業キロ
上田	0.0
城下	0.8
三好町	1.5
赤坂上	2.2
上田原	2.7
寺下	3.8
神畑	4.5
大学前	5.2
下之郷	6.1
中塩田	7.4
塩田町	8.0
中野	8.5
舞田	9.4
八木沢	10.1
別所温泉	11.6

長野電鉄

長野線

年　　月　　日

駅名	営業キロ
長野	0.0
市役所前	0.4
権堂	1.0
善光寺下	1.6
本郷	2.7
桐原	3.6
信濃吉田	4.3
朝陽	6.3
附属中学前	7.0
柳原	8.0
村山	10.0
日野	11.0
須坂	12.5
北須坂	15.0
小布施	17.5
都住	18.6
桜沢	21.3
延徳	23.3
信州中野	25.6
中野松川	27.0
信濃竹原	29.3
夜間瀬	30.4
上条	31.8
湯田中	33.2

えちごトキめき鉄道

妙高はねうまライン

年　　月　　日

駅名	営業キロ
妙高高原	0.0
関山	6.4
二本木	14.7
新井	21.0
北新井	23.9
上越妙高	27.3
南高田	29.0
高田	31.0
春日山	34.9
直江津	37.7

日本海ひすいライン

年　　月　　日

駅名	営業キロ
市振	0.0
親不知	8.6
青海	13.9
糸魚川	20.5
えちご押上ひすい海岸	22.1
梶屋敷	24.8
浦本	28.3
能生	33.4
筒石	40.9
名立	45.1
有間川	49.3
谷浜	52.7
直江津	59.3

北越急行

ほくほく線

年　　月　　日

駅名	営業キロ
犀潟	0.0
くびき	5.9
大池いこいの森	7.8
うらがわら	12.7
虫川大杉	14.7
ほくほく大島	20.9
まつだい	30.3
十日町	43.6
しんざ	45.1
美佐島	47.3
魚沼丘陵	55.9
六日町	59.5

あいの風とやま鉄道

あいの風とやま鉄道線

年　　月　　日

駅名	営業キロ
倶利伽羅	0.0
石動	6.8
福岡	14.0
西高岡	17.5
高岡	22.8
越中大門	26.5
小杉	30.2
呉羽	36.8
富山	41.6
新富山口	45.6
東富山	48.2
水橋	53.1
滑川	58.6
東滑川	62.1
魚津	67.1
黒部	73.4
生地	77.4
西入善	81.6
入善	85.5
泊	90.7
越中宮崎	95.4
市振	100.1

ＩＲいしかわ鉄道

ＩＲいしかわ鉄道線

年　　月　　日

駅名	営業キロ
大聖寺	0.0
加賀温泉	4.1
動橋	7.3
粟津	12.2
小松	18.0
明峰	20.8
能美根上	23.8
小舞子	26.8
美川	28.6
加賀笠間	32.6
松任	37.0
野々市	40.3
西金沢	42.7
金沢	46.4
東金沢	49.0
森本	51.8
津幡	57.9
倶利伽羅	64.2

富山地方鉄道

本線

年　　月　　日

駅名	営業キロ
電鉄富山	0.0
稲荷町	1.6
新庄田中	2.5
東新庄	3.6
越中荏原	4.7
越中三郷	7.0
越中舟橋	8.5
寺田	9.8
越中泉	10.5
相ノ木	11.3
新相ノ木	12.1
上市	13.3
新宮川	15.1
中加積	17.1
西加積	18.7
西滑川	19.8
中滑川	20.6
滑川	21.8
浜加積	23.2
早月加積	24.4
越中中村	25.6
西魚津	27.6
電鉄魚津	28.9
新魚津	30.2
経田	32.9
電鉄石田	34.9
電鉄黒部	37.2

東三日市	37.8
荻生	38.6
長屋	39.6
新黒部	40.7
舌山	41.0
若栗	41.7
栃屋	42.8
浦山	44.3
下立口	45.6
下立	46.3
愛本	47.6
内山	48.7
音沢	49.5
宇奈月温泉	53.3

立山線

年　　月　　日

駅名	営業キロ
寺田	0.0
稚子塚	1.4
田添	2.1
五百石	3.7
榎町	4.6
下段	5.7
釜ケ淵	7.4
沢中山	8.6
岩峅寺	10.2
横江	13.5
千垣	17.3
有峰口	17.9
本宮	19.4
立山	24.2

不二越線

年　　月　　日

駅名	営業キロ
稲荷町	0.0
栄町	0.6
不二越	1.0
大泉	2.2
南富山	3.3

上滝線

年　　月　　日

駅名	営業キロ
南富山	0.0
朝菜町	1.3
上堀	2.1
小杉	2.7
布市	3.2
開発	4.4
月岡	6.6
大庄	7.9
上滝	10.1
大川寺	11.2
岩峅寺	12.4

市内電車（本線・支線）

年　　月　　日

駅名	営業キロ
南富山駅前	0.0
大町	0.3
堀川小泉	0.6
小泉町	1.0
西中野	1.3
広貫堂前	1.5
上本町	1.8
西町	2.1
中町（西町北）	2.3
荒町	2.5
桜橋	2.8
電気ビル前	3.1

地鉄ビル前	3.3
電鉄富山駅・エスタ前	3.6
富山駅	3.8

市内電車（支線・富山駅南北接続線）

年　　月　　日

駅名	営業キロ
富山駅	0.0
新富町	0.4
県庁前	0.7
丸の内	1.1

市内電車（富山都心線）

年　　月　　日

駅名	営業キロ
丸の内	0.0
国際会議場前	0.3
大手モール	0.5
グランドプラザ前	0.7
中町（西町北）	0.9

市内電車（安野屋線）

年　　月　　日

駅名	営業キロ
丸の内	0.0
諏訪川原	0.3
安野屋	0.4

市内電車（呉羽線）

年　　月　　日

駅名	営業キロ
安野屋	0.0
トヨタモビリティ富山Gスクエア五福前（五福大町）	1.0
富山大学前	1.4

富山駅南北接続線

年　　月　　日

駅名	営業キロ
富山駅	0.0
支線接続点	0.2

富山港線

年　　月　　日

駅名	営業キロ
富山駅	0.0
オークスカナルパークホテル富山前	0.3
インテック本社前	0.5
龍谷富山高校前（永楽町）	0.8
奥田中学校前	1.2
下奥井	2.1
粟島（大阪屋ショップ前）	2.9
越中中島	3.3
城川原	4.3
犬島新町	4.7
蓮町（馬場記念公園前）	5.5
萩浦小学校前	6.2
東岩瀬	6.6
競輪場前	7.3
岩瀬浜	7.7

黒部峡谷鉄道

本線

年　　月　　日

駅名	営業キロ
宇奈月	0.0
柳橋	2.1
森石	5.1
黒薙	6.5
笹平	7.0
出平	9.1
猫又	11.8
鐘釣	14.3
小屋平	17.5
欅平	20.1

立山黒部貫光

立山ケーブルカー

年　　月　　日

駅名	営業キロ
立山	0.0
美女平	1.3

立山トンネルトロリーバス

年　　月　　日

駅名	営業キロ
室堂	0.0
大観望	3.7

黒部ケーブルカー

年　　月　　日

駅名	営業キロ
黒部平	0.0
黒部湖	0.8

万葉線

万葉線（高岡軌道線）

年　　月　　日

駅名	営業キロ
高岡駅	0.0
末広町	0.3
片原町	0.6
坂下町	0.8
急患医療センター前	1.2
広小路	1.6
志貴野中学校前	2.0
市民病院前	2.3
江尻	2.9
旭ケ丘	3.2
荻布	3.7
新能町	4.0
米島口	4.3
能町口	5.4
新吉久	5.9
吉久	6.6
中伏木	7.4
六渡寺	7.9

万葉線（新湊港線）

年　　月　　日

六渡寺	0.0
庄川口	0.6

クロスベイ前	1.4
新町口	2.0
中新湊	2.6
東新湊	3.6
海王丸	4.2
越ノ潟	4.9

のと鉄道

七尾線

年　　月　　日

駅名	営業キロ
七尾	0.0
和倉温泉	5.1
田鶴浜	8.6
笠師保	12.7
能登中島	16.3
西岸	22.5
能登鹿島	26.8
穴水	33.1

北陸鉄道

浅野川線

年　　月　　日

駅名	営業キロ
北鉄金沢	0.0
七ツ屋	0.6
上諸江	1.5
磯部	2.2
割出	2.8
三口	3.3
三ツ屋	3.9
大河端	4.5
北間	5.1
蚊爪	5.5
粟ケ崎	6.3
内灘	6.8

石川線

年　　月　　日

駅名	営業キロ
野町	0.0
西泉	1.0
新西金沢	2.1
押野	3.4
野々市	4.0
野々市工大前	4.5
馬替	5.5
額住宅前	6.1
乙丸	6.8
四十万	8.2
陽羽里	8.8
曽谷	9.3
道法寺	9.9
井口	10.7
小柳	11.4
日御子	12.1
鶴来	13.8

ハピラインふくい

ハピラインふくい線

年　　月　　日

駅名	営業キロ
敦賀	0.0
南今庄	16.6
今庄	19.2
湯尾	22.8

南条	26.3
王子保	30.8
武生	35.1
鯖江	40.3
北鯖江	43.5
大土呂	48.2
越前花堂	51.4
福井	54.0
森田	59.9
春江	62.2
丸岡	65.9
芦原温泉	71.7
細呂木	75.5
牛ノ谷	78.6
大聖寺	84.3

えちぜん鉄道

勝山永平寺線

年　　月　　日

駅名	営業キロ
福井	0.0
新福井	0.5
福井口	1.5
越前開発	2.4
越前新保	3.4
追分口	4.4
東藤島	5.3
越前島橋	6.0
観音町	7.3
松岡	8.4
志比堺	9.3
永平寺口	10.9
下志比	11.9
光明寺	12.7
轟	14.2
越前野中	15.7
山王	17.2
越前竹原	19.3
小舟渡	21.2
保田	23.1
発坂	24.5
比島	26.4
勝山	27.8

三国芦原線

年　　月　　日

駅名	営業キロ
福井	0.0
新福井	0.5
福井口	1.5
まつもと町屋	2.5
西別院	3.1
田原町	3.6
福大前西福井	4.3
日華化学前	5.1
八ツ島	5.7
新田塚	6.4
中角	7.4
仁愛グランド前	8.8
鷲塚針原	9.6
太郎丸エンゼルランド	10.7
西春江ハートピア	11.6
西長田ゆりの里	13.2
下兵庫こうふく	15.1
大関	16.9
本荘	18.9
番田	19.8
あわら湯のまち	21.4
水居	23.5
三国神社	24.9

三国	25.7
三国港	26.7

福井鉄道

福武線

年　　月　　日

駅名	営業キロ
たけふ新	0.0
北府	0.6
スポーツ公園	1.7
家久	2.4
サンドーム西	4.1
西鯖江	5.3
西山公園	6.0
水落	7.3
神明	8.5
鳥羽中	9.7
三十八社	10.9
泰澄の里	12.1
浅水	13.0
ハーモニーホール	13.8
清明	14.9
江端	15.5
ベル前	16.1
花堂	16.9
赤十字前	17.8
商工会議所前	18.5
足羽山公園口	18.9
福井城址大名町	19.6
仁愛女子高校	20.2
田原町	20.9

福井鉄道
（市役所前ー福井駅）

年　　月　　日

駅名	営業キロ
福井城址大名町	0.0
福井駅	0.6

静岡鉄道

静岡清水線

年　　月　　日

駅名	営業キロ
新静岡	0.0
日吉町	0.5
音羽町	1.0
春日町	1.5
柚木	2.0
長沼	3.1
古庄	3.8
県総合運動場	4.8
県立美術館前	5.7
草薙	6.4
御門台	7.4
狐ケ崎	8.3
桜橋	10.0
入江岡	10.3
新清水	11.0

大井川鐵道

大井川本線

年　　月　　日

駅名	営業キロ
金谷	0.0
新金谷	2.3
代官町	3.8
日切	4.3
合格	5.0
門出	5.5
神尾	9.8
福用	12.3
大和田	14.8
家山	17.1
抜里	18.8
川根温泉笹間渡	20.0
地名	22.9
塩郷	24.4
下泉	27.5
田野口	31.0
駿河徳山	34.1
青部	36.1
崎平	37.2
千頭	39.5

井川線

年　　月　　日

駅名	営業キロ
千頭	0.0
川根両国	1.1
沢間	2.4
土本	3.9
川根小山	5.8
奥泉	7.5
アプトいちしろ	9.9
長島ダム	11.4
ひらんだ	12.6
奥大井湖上	13.9
接岨峡温泉	15.5
尾盛	17.8
閑蔵	20.5
井川	25.5

天竜浜名湖鉄道

天竜浜名湖線

年　　月　　日

駅名	営業キロ
掛川	0.0
掛川市役所前	1.3
西掛川	1.8
桜木	4.0
いこいの広場	5.5
細谷	6.0
原谷	7.9
原田	9.4
戸綿	12.0
遠州森	12.8
森町病院前	13.6
円田	14.7
遠江一宮	16.4
敷地	19.9
豊岡	23.0
上野部	24.4
天竜二俣	26.2
二俣本町	26.8
西鹿島	28.5
岩水寺	30.3
宮口	32.3
フルーツパーク	36.2
都田	37.7
常葉大学前	39.1
金指	41.9
岡地	43.5
気賀	44.8
西気賀	47.7
寸座	49.4
浜名佐久米	50.7
東都筑	51.9
都筑	53.3
三ケ日	55.6
奥浜名湖	56.8
尾奈	58.1
知波田	62.9
大森	65.0
アスモ前	66.7
新所原	67.7

遠州鉄道

遠鉄電車

年　　月　　日

駅名	営業キロ
新浜松	0.0
第一通り	0.5
遠州病院	0.8
八幡	1.6
助信	2.4
曳馬	3.4
上島	4.5
自動車学校前	5.3
さぎの宮	6.6
積志	7.8
遠州西ケ崎	9.2
遠州小松	10.2
浜北	11.7
美薗中央公園	12.0
遠州小林	13.3
遠州芝本	15.0
遠州岩水寺	16.3
西鹿島	17.8

豊橋鉄道

渥美線

年　　月　　日

駅名	営業キロ
新豊橋	0.0
柳生橋	1.0
小池	1.7
愛知大学前	2.5
南栄	3.2
高師	4.3
芦原	5.3
植田	6.3
向ケ丘	7.1
大清水	8.5
老津	10.7
杉山	12.7
やぐま台	14.0
豊島	15.6
神戸	17.1
三河田原	18.0

東田本線

年　　月　　日

駅名	営業キロ
駅前	0.0
駅前大通	0.3
新川	0.6
札木	1.0
市役所前	1.4
豊橋公園前	1.6
東八町	2.1
前畑	2.5
東田坂上	2.8
東田	3.3
競輪場前	3.6
井原	4.1
赤岩口	4.8

東田本線
（井原ー運動公園前）

年　　月　　日

駅名	営業キロ
井原	0.0
運動公園前	0.6

愛知環状鉄道

愛知環状鉄道線

年　　月　　日

駅名	営業キロ
岡崎	0.0
六名	1.7
中岡崎	3.4
北岡崎	5.3
大門	6.5
北野桝塚	8.7
三河上郷	10.7
永覚	12.4
末野原	14.0
三河豊田	15.9
新上挙母	17.6
新豊田	19.5
愛環梅坪	21.5
四郷	23.5
貝津	25.5
保見	26.8
篠原	29.2
八草	32.0
山口	34.6
瀬戸口	36.7
瀬戸市	39.1
中水野	41.9
高蔵寺	45.3

愛知高速交通

リニモ（東部丘陵線）

年　　月　　日

駅名	営業キロ
藤が丘	0.0
はなみずき通	1.4
杁ケ池公園	2.3
長久手古戦場	3.4
芸大通	4.5
公園西	6.0
愛・地球博記念公園	7.0
陶磁資料館南	8.0
八草	8.9

名古屋鉄道

名古屋本線

年　　月　　日

駅名	営業キロ
豊橋	0.0
伊奈	5.0
小田渕	6.6
国府	9.6
御油	10.7
名電赤坂	12.5
名電長沢	15.0
本宿	18.7
名電山中	20.4
藤川	23.1
美合	25.6
男川	27.6
東岡崎	29.8
岡崎公園前	31.1
矢作橋	32.5
宇頭	34.8
新安城	38.3
牛田	40.9
知立	43.1
一ツ木	44.6
富士松	46.6
豊明	48.1
前後	49.8
中京競馬場前	51.4
有松	52.7
左京山	53.8
鳴海	55.1
本星崎	56.7
本笠寺	58.2
桜	58.9
呼続	59.9
堀田	61.1
神宮前	62.2
金山	64.4
山王	66.0
名鉄名古屋	68.0
栄生	69.9
東枇杷島	70.7
西枇杷島	71.6
二ツ杁	72.2
新川橋	72.8
須ケ口	73.5
丸ノ内	74.3
新清洲	75.2
大里	77.5
奥田	78.8
国府宮	80.9
島氏永	82.9
妙興寺	84.7
名鉄一宮	86.4
今伊勢	88.3
石刀	89.2
新木曽川	91.2
黒田	92.1
木曽川堤	93.9
笠松	95.1
岐南	96.9
茶所	98.3
加納	98.7
名鉄岐阜	99.8

豊川線

年　　月　　日

駅名	営業キロ
国府	0.0
八幡	2.5
諏訪町	4.4
稲荷口	6.0
豊川稲荷	7.2

西尾線

年　　月　　日

駅名	営業キロ
新安城	0.0
北安城	2.6
南安城	4.0
碧海古井	5.7
堀内公園	6.7
桜井	7.9
南桜井	9.5
米津	11.6
桜町前	13.0
西尾口	14.2
西尾	15.0
福地	17.4

| 上横須賀 | 20.5 |
| 吉良吉田 | 24.7 |

蒲郡線

年　　月　　日

駅名	営業キロ
吉良吉田	0.0
三河鳥羽	3.2
西幡豆	4.7
東幡豆	7.0
こどもの国	8.9
西浦	10.5
形原	11.7
三河鹿島	13.4
蒲郡競艇場前	15.3
蒲郡	17.6

三河線

年　　月　　日

駅名	営業キロ
碧南	0.0
碧南中央	1.6
新川町	2.7
北新川	3.7
高浜港	5.5
三河高浜	6.5
吉浜	8.4
小垣江	10.4
刈谷市	13.0
刈谷	14.6
重原	16.3
知立	18.5
三河知立	20.1
三河八橋	22.3
若林	24.7
竹村	27.0
土橋	29.6
上挙母	32.4
豊田市	34.2
梅坪	35.6
越戸	37.6
平戸橋	38.7
猿投	39.8

豊田線

年　　月　　日

駅名	営業キロ
赤池	0.0
日進	3.0
米野木	4.8
黒笹	7.1
三好ケ丘	9.0
浄水	11.4
上豊田	13.2
梅坪	15.2
豊田市	16.6

常滑線

年　　月　　日

駅名	営業キロ
名鉄名古屋	0.0
山王	2.0
金山	3.6
神宮前	5.8
豊田本町	7.2
道徳	8.2
大江	9.6
大同町	11.1
柴田	11.9
名和	13.3
聚楽園	14.3
新日鉄前	16.4
太田川	18.1

尾張横須賀	19.5
寺本	20.9
朝倉	22.2
古見	23.1
長浦	24.5
日長	26.8
新舞子	28.3
大野町	29.9
西ノ口	30.9
蒲池	32.2
榎戸	33.3
多屋	34.4
常滑	35.1

空港線

年　　月　　日

駅名	営業キロ
常滑	0.0
りんくう常滑	1.6
中部国際空港	4.2

河和線

年　　月　　日

駅名	営業キロ
太田川	0.0
高横須賀	1.3
加木屋中ノ池	2.7
南加木屋	4.1
八幡新田	5.9
巽ケ丘	7.1
白沢	7.9
坂部	9.5
阿久比	10.6
植大	12.2
半田口	13.2
住吉町	14.0
知多半田	14.8
成岩	15.8
青山	16.8
上ゲ	19.0
知多武豊	19.8
富貴	22.3
河和口	25.8
河和	28.8

知多新線

年　　月　　日

駅名	営業キロ
富貴	0.0
上野間	5.8
美浜緑苑	6.7
知多奥田	8.1
野間	9.8
内海	13.9

築港線

年　　月　　日

駅名	営業キロ
大江	0.0
東名古屋港	1.5

瀬戸線

年　　月　　日

駅名	営業キロ
栄町	0.0
東大手	1.5
清水	2.2
尼ケ坂	2.7
森下	3.6
大曽根	4.6
矢田	5.9
守山自衛隊前	6.7
瓢箪山	7.6

小幡	8.6
喜多山	9.9
大森・金城学院前	10.7
印場	12.2
旭前	13.1
尾張旭	14.7
三郷	16.1
水野	18.0
新瀬戸	18.7
瀬戸市役所前	19.4
尾張瀬戸	20.5

津島線

年　　月　　日

駅名	営業キロ
須ケ口	0.0
甚目寺	2.0
七宝	3.7
木田	5.4
青塚	7.3
勝幡	9.0
藤浪	10.2
津島	11.8

尾西線

年　　月　　日

駅名	営業キロ
弥富	0.0
五ノ三	2.5
佐屋	4.6
日比野	6.6
津島	8.2
町方	9.6
六輪	11.1
渕高	12.4
丸渕	13.4
上丸渕	14.7
森上	16.2
山崎	17.3
玉野	18.7
萩原	20.2
二子	21.3
苅安賀	22.5
観音寺	24.3
名鉄一宮	25.3
西一宮	26.0
開明	28.1
奥町	29.4
玉ノ井	30.9

小牧線

年　　月　　日

駅名	営業キロ
上飯田	0.0
味鋺	2.1
味美	3.5
春日井	5.2
牛山	6.7
間内	7.6
小牧口	8.8
小牧	9.6
小牧原	11.1
味岡	12.2
田県神社前	13.1
楽田	14.7
羽黒	17.0
犬山	20.4

犬山線

年　　月　　日

駅名	営業キロ
名鉄名古屋	0.0
栄生	1.9

東枇杷島	2.7
下小田井	4.3
中小田井	5.7
上小田井	6.8
西春	9.2
徳重・名古屋芸大	10.6
大山寺	11.4
岩倉	13.0
石仏	15.1
布袋	17.5
江南	19.5
柏森	22.3
扶桑	24.5
木津用水	25.9
犬山口	27.3
犬山	28.2
犬山遊園	29.4
新鵜沼	30.1

広見線

年　　月　　日

駅名	営業キロ
犬山	0.0
富岡前	1.9
善師野	4.0
西可児	7.7
可児川	9.7
日本ライン今渡	12.2
新可児	14.9
明智	18.4
顔戸	20.0
御嵩口	21.7
御嵩	22.3

各務原線

年　　月　　日

駅名	営業キロ
新鵜沼	0.0
鵜沼宿	1.1
羽場	2.1
苧ケ瀬	3.0
名電各務原	3.9
二十軒	5.2
三柿野	6.4
六軒	7.7
各務原市役所前	8.9
市民公園前	9.5
新那加	10.1
新加納	11.0
高田橋	12.2
手力	12.8
切通	13.7
細畑	14.7
田神	16.5
名鉄岐阜	17.6

竹鼻線

年　　月　　日

駅名	営業キロ
笠松	0.0
西笠松	0.9
柳津	2.9
南宿	5.2
須賀	6.1
不破一色	7.0
竹鼻	8.6
羽島市役所前	9.6
江吉良	10.3

羽島線

年　　月　　日

| 江吉良 | 0.0 |
| 新羽島 | 1.3 |

▌名古屋市交通局

東山線

年　　月　　日

駅名	営業キロ
高畑	0.0
八田	0.9
岩塚	2.0
中村公園	3.1
中村日赤	3.9
本陣	4.6
亀島	5.5
名古屋	6.6
伏見	8.0
栄	9.0
新栄町	10.1
千種	11.0
今池	11.7
池下	12.6
覚王山	13.2
本山	14.2
東山公園	15.1
星ケ丘	16.2
一社	17.5
上社	18.6
本郷	19.3
藤が丘	20.6

名城線

年　　月　　日

駅名	営業キロ
ナゴヤドーム前矢田	0.0
大曽根	0.8
平安通	1.5
志賀本通	2.3
黒川	3.3
名城公園	4.3
名古屋城	5.4
久屋大通	6.3
栄	6.7
矢場町	7.4
上前津	8.1
東別院	9.0
金山	9.7
西高蔵	10.8
熱田神宮西	11.7
熱田神宮伝馬町	12.7
堀田	13.9
妙音通	14.7
新瑞橋	15.4
瑞穂運動場東	16.6
総合リハビリセンター	17.6
八事	18.9
八事日赤	19.9
名古屋大学	21.0
本山	22.6
自由ケ丘	23.4
茶屋ケ坂	24.6
砂田橋	25.5
ナゴヤドーム前矢田	26.4

名港線（名城線）

年　　月　　日

駅名	営業キロ
金山	0.0

JR・私鉄

駅名	営業キロ
日比野	1.5
六番町	2.6
東海通	3.8
港区役所	4.6
築地口	5.4
名古屋港	6.0

鶴舞線

年　　月　　日

駅名	営業キロ
上小田井	0.0
庄内緑地公園	1.4
庄内通	2.7
浄心	4.1
浅間町	4.9
丸の内	6.3
伏見	7.0
大須観音	7.8
上前津	8.8
鶴舞	9.7
荒畑	11.0
御器所	11.9
川名	13.1
いりなか	14.1
八事	15.0
塩釜口	16.4
植田	17.6
原	18.4
平針	19.3
赤池	20.4

桜通線

年　　月　　日

駅名	営業キロ
太閤通	0.0
名古屋	0.9
国際センター	1.6
丸の内	2.4
久屋大通	3.3
高岳	4.0
車道	5.3
今池	6.3
吹上	7.4
御器所	8.4
桜山	9.5
瑞穂区役所	10.4
瑞穂運動場西	11.1
新瑞橋	11.8
桜本町	12.9
鶴里	13.8
野並	14.9
鳴子北	16.0
相生山	16.9
神沢	18.3
徳重	19.1

上飯田線

年　　月　　日

駅名	営業キロ
平安通	0.0
上飯田	0.8

名古屋臨海高速鉄道

あおなみ線

年　　月　　日

駅名	営業キロ
名古屋	0.0
ささしまライブ	0.8
小本	3.3
荒子	4.3
南荒子	5.2
中島	5.9
港北	7.1
荒子川公園	8.2
稲永	9.8
野跡	12.1
金城ふ頭	15.2

東海交通事業

城北線

年　　月　　日

駅名	営業キロ
枇杷島	0.0
尾張星の宮	1.9
小田井	4.5
比良	6.7
味美	9.4
勝川	11.2

名古屋ガイドウェイバス

ゆとりーとライン

年　　月　　日

駅名	営業キロ
大曽根	0.0
ナゴヤドーム前矢田	1.0
砂田橋	1.6
守山	2.7
金屋	3.3
川宮	4.3
川村	5.1
白沢渓谷	6.0
小幡緑地	6.5

明知鉄道

明知線

年　　月　　日

駅名	営業キロ
恵那	0.0
東野	2.6
飯沼	7.6
阿木	9.9
飯羽間	12.7
極楽	13.7
岩村	15.0
花白温泉	18.3
山岡	19.7
野志	23.1
明智	25.1

樽見鉄道

樽見線

年　　月　　日

駅名	営業キロ
大垣	0.0
東大垣	2.7
横屋	4.5
十九条	5.5
美江寺	7.5
北方真桑	10.8
モレラ岐阜	12.5
糸貫	13.4
本巣	16.2
織部	17.5
木知原	20.2
谷汲口	21.6
神海	23.6
高科	25.2
鍋原	26.4
日当	28.3
高尾	30.5
水鳥	32.5
樽見	34.5

長良川鉄道

越美南線

年　　月　　日

駅名	営業キロ
美濃太田	0.0
前平公園	1.7
加茂野	3.7
富加	5.9
関富岡	8.2
関口	9.7
せきてらす前	11.2
関	12.0
関市役所前	13.0
関下有知	14.6
松森	16.1
美濃市	17.7
梅山	18.8
湯の洞温泉口	22.3
洲原	24.7
母野	26.1
木尾	27.3
八坂	29.4
みなみ子宝温泉	30.6
大矢	31.8
福野	32.9
美並苅安	34.8
赤池	36.3
深戸	38.5
相生	43.0
郡上八幡	46.9
自然園前	50.9
山田	54.0
徳永	55.9
郡上大和	57.3
万場	59.7
上万場	61.1
大中	62.4
大島	64.3
美濃白鳥	66.1
白鳥高原	69.6
白山長滝	70.9
北濃	72.1

養老鉄道

養老線

年　　月　　日

駅名	営業キロ
桑名	0.0
播磨	1.6
下深谷	4.0
下野代	6.6
多度	8.6
美濃松山	11.8
石津	14.1
美濃山崎	16.2
駒野	19.7
美濃津屋	24.5
養老	28.8
美濃高田	31.8
烏江	34.5
大外羽	36.0
友江	37.4
美濃青柳	39.4
西大垣	41.2
大垣	43.0
室	44.1
北大垣	45.4
東赤坂	47.5
広神戸	50.3
北神戸	51.9
池野	53.5
北池野	54.4
美濃本郷	55.2
揖斐	57.5

三岐鉄道

北勢線

年　　月　　日

駅名	営業キロ
西桑名	0.0
馬道	1.1
西別所	2.0
蓮花寺	3.5
在良	4.1
星川	5.5
七和	6.9
穴太	8.0
東員	9.7
大泉	12.4
楚原	14.4
麻生田	18.1
阿下喜	20.4

三岐線

年　　月　　日

駅名	営業キロ
近鉄富田	0.0
大矢知	2.6
平津	4.2
暁学園前	5.4
山城	7.1
保々	9.6
北勢中央公園口	11.3
梅戸井	13.2
大安	15.4
三里	17.2
丹生川	19.7
伊勢治田	20.9
東藤原	23.2
西野尻	25.4
西藤原	26.6

四日市あすなろう鉄道

内部線

年　　月　　日

駅名	営業キロ
あすなろう四日市	0.0
赤堀	1.0
日永	1.8
南日永	2.5
泊	3.6
追分	4.3
小古曽	5.0
内部	5.7

八王子線

年　　月　　日

駅名	営業キロ
日永	0.0
西日野	1.3

伊勢鉄道

伊勢線

年　　月　　日

駅名	営業キロ
河原田	0.0
鈴鹿	3.8
玉垣	7.0
鈴鹿サーキット稲生	9.1
徳田	11.1
中瀬古	12.7
伊勢上野	14.0
河芸	16.4
東一身田	19.4
津	22.3

伊賀鉄道

伊賀線

年　　月　　日

駅名	営業キロ
伊賀上野	0.0
新居	0.8
西大手	3.3
上野市	3.9
広小路	4.4
茅町	5.0
桑町	5.8
四十九	6.5
猪田道	8.0
市部	9.2
依那古	10.6
丸山	11.9
上林	13.0
比土	15.6
伊賀神戸	16.6

信楽高原鐵道

信楽線

年　　月　　日

駅名	営業キロ
貴生川	0.0
紫香楽宮跡	9.6
雲井	10.2
勅旨	12.4
玉桂寺前	13.4
信楽	14.7

近江鉄道

本線

年　　月　　日

駅名	営業キロ
米原	0.0
フジテック前	2.3
鳥居本	3.4
彦根	5.8
ひこね芹川	7.0
彦根口	7.8
高宮	9.9
尼子	12.8
豊郷	15.0
愛知川	17.9
五箇荘	20.9
河辺の森	23.0

駅名	営業キロ
八日市	25.3
長谷野	27.5
大学前	28.4
京セラ前	29.9
桜川	31.2
朝日大塚	32.8
朝日野	35.2
日野	37.8
水口松尾	42.7
水口	43.8
水口石橋	44.4
水口城南	45.1
貴生川	47.7

八日市線

年　　月　　日

駅名	営業キロ
八日市	0.0
新八日市	0.6
太郎坊宮前	1.3
市辺	3.0
平田	5.0
武佐	6.5
近江八幡	9.3

多賀線

年　　月　　日

駅名	営業キロ
高宮	0.0
スクリーン	0.8
多賀大社前	2.5

京都市交通局

烏丸線

年　　月　　日

駅名	営業キロ
国際会館	0.0
松ケ崎	1.6
北山	2.6
北大路	3.8
鞍馬口	4.6
今出川	5.4
丸太町	6.9
烏丸御池	7.6
四条	8.5
五条	9.3
京都	10.3
九条	11.1
十条	11.8
くいな橋	13.0
竹田	13.7

東西線

年　　月　　日

駅名	営業キロ
六地蔵	0.0
石田	1.1
醍醐	2.4
小野	3.6
椥辻	4.9
東野	5.9
山科	7.0
御陵	8.7
蹴上	10.5
東山	11.5
三条京阪	12.1
京都市役所前	12.6
烏丸御池	13.5
二条城前	14.3
二条	15.1
西大路御池	16.2

駅名	営業キロ
太秦天神川	17.5

叡山電鉄

叡山本線

年　　月　　日

駅名	営業キロ
出町柳	0.0
元田中	0.9
茶山・京都芸術大学	1.4
一乗寺	2.1
修学院	2.9
宝ケ池	3.8
三宅八幡	4.4
八瀬比叡山口	5.6

鞍馬線

年　　月　　日

駅名	営業キロ
宝ケ池	0.0
八幡前	0.9
岩倉	1.7
木野	2.7
京都精華大前	3.5
二軒茶屋	4.1
市原	5.3
二ノ瀬	6.6
貴船口	7.6
鞍馬	8.8

比叡山鉄道

比叡山坂本ケーブル

年　　月　　日

駅名	営業キロ
ケーブル坂本	0.0
ほうらい丘	0.3
もたて山	1.7
ケーブル延暦寺	2.0

京福電気鉄道

叡山ケーブル

年　　月　　日

駅名	営業キロ
ケーブル八瀬	0.0
ケーブル比叡	1.3

嵐山本線

年　　月　　日

駅名	営業キロ
四条大宮	0.0
西院	1.4
西大路三条	2.0
山ノ内	2.8
嵐電天神川	3.7
蚕ノ社	3.9
太秦広隆寺	4.4
帷子ノ辻	5.2
有栖川	5.7
車折神社	6.2
鹿王院	6.5
嵐電嵯峨	6.9
嵐山	7.2

北野線

年　　月　　日

駅名	営業キロ
北野白梅町	0.0
等持院・立命館大学衣笠キャンパス前	0.7
龍安寺	0.9
妙心寺	1.3
御室仁和寺	1.7
宇多野	2.1
鳴滝	2.6
常盤	2.9
撮影所前	3.5
帷子ノ辻	3.8

嵯峨野観光鉄道

嵯峨野観光線

年　　月　　日

駅名	営業キロ
トロッコ嵯峨	0.0
トロッコ嵐山	1.0
トロッコ保津峡	3.4
トロッコ亀岡	7.3

京都丹後鉄道
(WILLER TRAINS)

宮福線

年　　月　　日

駅名	営業キロ
福知山	0.0
福知山市民病院口	1.5
荒河かしの木台	2.9
牧	5.1
下天津	7.6
公庄	10.0
大江	12.5
大江高校前	13.4
二俣	15.4
大江山口内宮	17.6
辛皮	21.3
喜多	27.3
宮村	28.9
宮津	30.4

宮舞線

年　　月　　日

駅名	営業キロ
西舞鶴	0.0
四所	5.4
東雲	8.9
丹後神崎	12.7
丹後由良	14.4
栗田	20.2
宮津	24.7

宮豊線

年　　月　　日

駅名	営業キロ
宮津	0.0
天橋立	4.4
岩滝口	8.1
与謝野	11.0
京丹後大宮	18.0
峰山	23.6
網野	30.8
夕日ヶ浦木津温泉	36.4
小天橋	41.8
かぶと山	45.0
久美浜	47.3
コウノトリの郷	55.9
豊岡	58.9

丹後海陸交通

天橋立ケーブル

年　　月　　日

駅名	営業キロ
府中(一の宮)	0.0
傘松	0.4

京阪電気鉄道

鴨東線

年　　月　　日

駅名	営業キロ
出町柳	0.0
神宮丸太町	1.3
三条	2.3

京阪本線

年　　月　　日

駅名	営業キロ
三条	0.0
祇園四条	0.7
清水五条	1.6
七条	2.3
東福寺	3.2
鳥羽街道	4.1
伏見稲荷	4.7
龍谷大前深草	5.2
藤森	6.0
墨染	7.0
丹波橋	8.0
伏見桃山	8.7
中書島	9.6
淀	14.0
石清水八幡宮	17.5
橋本	19.2
樟葉	21.6
牧野	23.8
御殿山	25.8
枚方市	27.5
枚方公園	28.5
光善寺	30.2
香里園	31.7
寝屋川市	34.3
萱島	36.5
大和田	37.3
古川橋	38.5
門真市	39.2
西三荘	39.9
守口市	41.0
土居	41.7
滝井	42.1
千林	42.5
森小路	43.1
関目	44.0
野江	44.7
京橋	46.3
天満橋	48.0
北浜	48.8
淀屋橋	49.3

中之島線

年　　月　　日

駅名	営業キロ
天満橋	0.0
なにわ橋	1.0
大江橋	1.6
渡辺橋	2.1
中之島	3.0

石清水八幡宮参道ケーブル

年　　月　　日

駅名	営業キロ
ケーブル八幡宮口	0.0
ケーブル八幡宮山上	0.4

交野線

年　　月　　日

駅名	営業キロ
枚方市	0.0
宮之阪	1.0
星ケ丘	1.7
村野	2.5
郡津	3.4
交野市	4.4
河内森	6.1
私市	6.9

宇治線

年　　月　　日

駅名	営業キロ
中書島	0.0
観月橋	0.7
桃山南口	2.3
六地蔵	3.1
木幡	3.9
黄檗	5.4
三室戸	7.2
宇治	7.6

京津線

年　　月　　日

駅名	営業キロ
びわこ浜大津	0.0
上栄町	0.8
大谷	2.5
追分	4.1
四宮	5.4
京阪山科	6.3
御陵	7.5

石山坂本線

年　　月　　日

駅名	営業キロ
石山寺	0.0
唐橋前	0.7
京阪石山	1.6
粟津	2.4
瓦ケ浜	2.8
中ノ庄	3.3
膳所本町	3.8
錦	4.2
京阪膳所	4.7
石場	5.5
島ノ関	6.0
浜大津	6.7
三井寺	7.2
大津市役所前	8.0
京阪大津京	8.5
近江神宮前	9.1
南滋賀	10.0
滋賀里	10.8
穴太	12.3
松ノ馬場	13.5
坂本比叡山口	14.1

JR・私鉄

近畿日本鉄道

大阪線

年　月　日

駅名	営業キロ
大阪上本町	0.0
鶴橋	1.1
今里	2.8
布施	4.1
俊徳道	5.1
長瀬	6.2
弥刀	7.4
久宝寺口	8.3
近鉄八尾	9.6
河内山本	11.1
高安	12.2
恩智	13.3
法善寺	14.9
堅下	15.7
安堂	16.6
河内国分	18.2
大阪教育大前	19.8
関屋	22.0
二上	24.1
近鉄下田	25.7
五位堂	27.1
築山	28.8
大和高田	29.9
松塚	31.8
真菅	32.8
大和八木	34.8
耳成	36.9
大福	38.2
桜井	39.8
大和朝倉	41.9
長谷寺	45.6
榛原	50.1
室生口大野	57.2
三本松	59.7
赤目口	64.0
名張	67.2
桔梗が丘	70.0
美旗	73.1
伊賀神戸	75.5
青山町	77.9
伊賀上津	80.6
西青山	83.8
東青山	91.5
榊原温泉口	95.4
大三	97.6
伊勢石橋	101.6
川合高岡	104.4
伊勢中川	108.9

山田線

年　月　日

駅名	営業キロ
伊勢中川	0.0
伊勢中原	3.0
松ケ崎	5.7
松阪	8.4
東松阪	10.0
櫛田	13.9
漕代	15.8
斎宮	17.1
明星	19.8
明野	22.4
小俣	24.2
宮町	26.3
伊勢市	27.7
宇治山田	28.3

鳥羽線

年　月　日

駅名	営業キロ
宇治山田	0.0
五十鈴川	1.9
朝熊	4.9
池の浦	10.6
鳥羽	13.2

志摩線

年　月　日

駅名	営業キロ
鳥羽	0.0
中之郷	1.0
志摩赤崎	2.3
船津	3.9
加茂	5.5
松尾	6.9
白木	7.9
五知	11.0
沓掛	12.7
上之郷	14.6
志摩磯部	16.0
穴川	17.6
志摩横山	20.4
鵜方	21.3
志摩神明	23.1
賢島	24.5

名古屋線

年　月　日

駅名	営業キロ
近鉄名古屋	0.0
米野	1.1
黄金	2.1
烏森	2.8
近鉄八田	3.8
伏屋	6.4
戸田	8.4
近鉄蟹江	9.7
富吉	12.1
佐古木	13.7
近鉄弥富	16.1
近鉄長島	19.5
桑名	23.7
益生	24.8
伊勢朝日	27.4
川越富洲原	30.0
近鉄富田	31.6
霞ケ浦	33.5
阿倉川	34.6
川原町	35.7
近鉄四日市	36.9
新正	38.1
海山道	39.6
塩浜	40.8
北楠	42.6
楠	44.2
長太ノ浦	45.6
箕田	47.0
伊勢若松	48.3
千代崎	50.1
白子	52.9
鼓ケ浦	54.1
磯山	56.0
千里	57.9
豊津上野	59.8
白塚	61.7
高田本山	64.1
江戸橋	65.3
津	66.5
津新町	68.8
南が丘	71.5
久居	74.0
桃園	75.5
伊勢中川	78.8

湯の山線

年　月　日

駅名	営業キロ
近鉄四日市	0.0
中川原	1.7
伊勢松本	2.8
伊勢川島	5.3
高角	6.7
桜	8.7
菰野	11.3
中菰野	12.6
大羽根園	13.5
湯の山温泉	15.4

鈴鹿線

年　月　日

駅名	営業キロ
伊勢若松	0.0
柳	2.2
鈴鹿市	4.1
三日市	6.2
平田町	8.2

信貴線

年　月　日

駅名	営業キロ
河内山本	0.0
服部川	2.0
信貴山口	2.8

難波線

年　月　日

駅名	営業キロ
大阪難波	0.0
近鉄日本橋	0.8
大阪上本町	2.0

奈良線

年　月　日

駅名	営業キロ
大阪上本町	0.0
鶴橋	1.1
今里	2.8
布施	4.1
河内永和	4.9
河内小阪	5.7
八戸ノ里	6.5
若江岩田	8.2
河内花園	9.1
東花園	9.9
瓢箪山	11.1
枚岡	12.4
額田	13.1
石切	14.2
生駒	18.3
東生駒	19.5
富雄	21.8
学園前	23.2
菖蒲池	24.7
大和西大寺	26.4
新大宮	29.1
近鉄奈良	30.8

生駒線

年　月　日

駅名	営業キロ
生駒	0.0
菜畑	1.2
一分	2.3
南生駒	3.5
萩の台	4.5
東山	5.4
元山上口	6.7
平群	7.9
竜田川	9.3
勢野北口	10.7
信貴山下	11.5
王寺	12.4

生駒ケーブル

年　月　日

駅名	営業キロ
鳥居前	0.0
宝山寺	0.9
梅屋敷	1.2
霞ケ丘	1.6
生駒山上	2.0

西信貴ケーブル

年　月　日

駅名	営業キロ
信貴山口	0.0
高安山	1.3

京都線

年　月　日

駅名	営業キロ
京都	0.0
東寺	0.9
十条	1.5
上鳥羽口	2.5
竹田	3.6
伏見	4.9
近鉄丹波橋	6.0
桃山御陵前	6.5
向島	8.6
小倉	11.4
伊勢田	12.7
大久保	13.6
久津川	14.6
寺田	15.9
富野荘	17.4
新田辺	19.6
興戸	21.1
三山木	22.4
近鉄宮津	23.1
狛田	24.4
新祝園	26.7
木津川台	28.2
山田川	29.2
高の原	30.8
平城	33.5
大和西大寺	34.6
新大宮	37.3
近鉄奈良	39.0

橿原線

年　月　日

駅名	営業キロ
大和西大寺	0.0
尼ケ辻	1.6
西ノ京	2.8
九条	4.0
近鉄郡山	5.5
筒井	8.4
平端	9.0
ファミリー公園前	10.9
結崎	12.4
石見	13.8
田原本	15.9
笠縫	17.3
新ノ口	19.1
大和八木	20.5
八木西口	20.5
畝傍御陵前	22.8
橿原神宮前	23.8

天理線

年　月　日

駅名	営業キロ
平端	0.0
二階堂	1.3
前栽	3.2
天理	4.5

田原本線

年　月　日

駅名	営業キロ
西田原本	0.0
黒田	2.0
但馬	3.0
箸尾	4.5
池部	6.1
佐味田川	7.1
大輪田	8.2
新王寺	10.1

道明寺線

年　月　日

駅名	営業キロ
道明寺	0.0
柏原南口	1.6
柏原	2.2

長野線

年　月　日

駅名	営業キロ
古市	0.0
喜志	3.4
富田林	5.7
富田林西口	6.3
川西	7.3
滝谷不動	8.7
汐ノ宮	10.5
河内長野	12.5

御所線

年　月　日

駅名	営業キロ
尺土	0.0
近鉄新庄	2.4
忍海	3.9
近鉄御所	5.2

南大阪線

年　月　日

駅名	営業キロ
大阪阿部野橋	0.0
河堀口	1.0
北田辺	2.1
今川	2.7
針中野	3.8
矢田	5.1
河内天美	7.3
布忍	8.3
高見ノ里	9.1
河内松原	10.0
恵我ノ荘	11.6
高鷲	12.6
藤井寺	13.7
土師ノ里	15.6
道明寺	16.3

南大阪線（つづき）

駅名	営業キロ
古市	18.3
駒ケ谷	20.0
上ノ太子	22.0
二上山	27.3
二上神社口	28.4
当麻寺	30.4
磐城	31.1
尺土	32.3
高田市	34.2
浮孔	35.6
坊城	36.8
橿原神宮西口	38.5
橿原神宮前	39.7

吉野線
年　　月　　日

駅名	営業キロ
橿原神宮前	0.0
岡寺	1.1
飛鳥	2.2
壺阪山	3.9
市尾	6.0
葛	7.9
吉野口	9.5
薬水	11.2
福神	12.8
大阿太	14.6
下市口	17.0
越部	18.7
六田	20.7
大和上市	22.9
吉野神宮	23.7
吉野	25.2

けいはんな線
年　　月　　日

駅名	営業キロ
長田	0.0
荒本	1.2
吉田	3.0
新石切	4.5
生駒	10.2
白庭台	15.3
学研北生駒	16.1
学研奈良登美ヶ丘	18.8

南海電気鉄道
南海本線
年　　月　　日

駅名	営業キロ
難波	0.0
新今宮	1.4
天下茶屋	3.0
岸里玉出	3.9
粉浜	5.1
住吉大社	5.7
住ノ江	6.7
七道	8.2
堺	9.8
湊	11.2
石津川	12.7
諏訪ノ森	13.8
浜寺公園	14.8
羽衣	15.5
高石	17.4
北助松	18.5
松ノ浜	19.5
泉大津	20.4
忠岡	22.3
春木	23.7
和泉大宮	25.0
岸和田	26.0
蛸地蔵	26.9
貝塚	28.6
二色浜	30.4
鶴原	31.3
井原里	32.4
泉佐野	34.0
羽倉崎	36.1
吉見ノ里	37.4
岡田浦	38.8
樽井	40.6
尾崎	43.1
鳥取ノ荘	44.6
箱作	46.6
淡輪	50.2
みさき公園	51.9
孝子	56.3
和歌山大学前	58.0
紀ノ川	61.6
和歌山市	64.2

和歌山港線
年　　月　　日

駅名	営業キロ
和歌山市	0.0
和歌山港	2.8

加太線
年　　月　　日

駅名	営業キロ
和歌山市	0.0
紀ノ川	2.6
東松江	5.2
中松江	5.9
八幡前	7.0
西ノ庄	8.1
二里ケ浜	8.8
磯ノ浦	9.7
加太	12.2

多奈川線
年　　月　　日

駅名	営業キロ
みさき公園	0.0
深日町	1.4
深日港	2.1
多奈川	2.6

空港線
年　　月　　日

駅名	営業キロ
泉佐野	0.0
りんくうタウン	1.9
関西空港	8.8

高師浜線
年　　月　　日

駅名	営業キロ
羽衣	0.0
伽羅橋	1.0
高師浜	1.5

高野線
年　　月　　日

駅名	営業キロ
難波	0.0
今宮戎	0.9
新今宮	1.4
萩ノ茶屋	2.0
天下茶屋	3.0
岸里玉出	3.9
帝塚山	5.0
住吉東	5.9
沢ノ町	6.8
我孫子前	7.4
浅香山	8.7
堺東	10.3
三国ケ丘	11.8
百舌鳥八幡	12.7
中百舌鳥	13.4
白鷺	14.4
初芝	15.9
萩原天神	16.8
北野田	18.6
狭山	19.5
大阪狭山市	21.1
金剛	22.2
滝谷	23.9
千代田	25.6
河内長野	27.3
三日市町	29.0
美加の台	30.6
千早口	32.5
天見	34.2
紀見峠	37.9
林間田園都市	39.2
御幸辻	41.2
橋本	44.0
紀伊清水	47.1
学文路	49.7
九度山	51.5
高野下	53.5
下古沢	55.2
上古沢	56.9
紀伊細川	59.9
紀伊神谷	62.3
極楽橋	63.8

汐見橋線
年　　月　　日

駅名	営業キロ
汐見橋	0.0
芦原町	0.9
木津川	1.6
津守	2.6
西天下茶屋	3.6
岸里玉出	4.6

高野山ケーブル
年　　月　　日

駅名	営業キロ
極楽橋	0.0
高野山	0.8

泉北高速鉄道
泉北高速鉄道
年　　月　　日

駅名	営業キロ
中百舌鳥	0.0
深井	3.7
泉ケ丘	7.8
栂・美木多	10.2
光明池	12.1
和泉中央	14.3

阪堺電気軌道
阪堺線
年　　月　　日

駅名	営業キロ
恵美須町	0.0
新今宮駅前	0.5
今池	0.9
今船	1.2
松田町	1.6
北天下茶屋	1.9
聖天坂	2.3
天神ノ森	2.7
東玉出	3.1
塚西	3.5
東粉浜	4.1
住吉	4.5
住吉鳥居前	4.7
細井川	5.0
安立町	5.5
我孫子道	6.1
大和川	6.7
高須神社	7.2
綾ノ町	7.6
神明町	8.0
妙国寺前	8.3
花田口	8.6
大小路	8.9
宿院	9.3
寺地町	9.7
御陵前	10.1
東湊	10.8
石津北	11.5
石津	12.1
船尾	12.8
浜寺駅前	14.0

上町線
年　　月　　日

駅名	営業キロ
天王寺駅前	0.0
阿倍野	0.5
松虫	1.2
東天下茶屋	1.5
北畠	2.2
姫松	2.6
帝塚山三丁目	3.1
帝塚山四丁目	3.4
神ノ木	3.7
住吉	4.3

水間鉄道
水間鉄道
年　　月　　日

駅名	営業キロ
貝塚	0.0
貝塚市役所前	0.8
近義の里	1.2
石才	2.0
清児	2.8
名越	3.2
森	4.3
三ツ松	4.7
三ケ山口	5.1
水間観音	5.5

和歌山電鐵
貴志川線
年　　月　　日

駅名	営業キロ
和歌山	0.0
田中口	0.6
日前宮	1.4
神前	2.9
竈山	3.7
交通センター前	4.8
岡崎前	5.4
吉礼	6.4
伊太祈曽	8.0
山東	9.1
大池遊園	11.3
西山口	12.1
甘露寺前	13.1
貴志	14.3

紀州鉄道
紀州鉄道線
年　　月　　日

駅名	営業キロ
御坊	0.0
学門	1.5
紀伊御坊	1.8
市役所前	2.4
西御坊	2.7

北大阪急行電鉄
南北線
年　　月　　日

駅名	営業キロ
江坂	0.0
緑地公園	1.9
桃山台	3.9
千里中央	5.9
箕面船場阪大前	7.3
箕面萱野	8.4

Osaka Metro
御堂筋線
年　　月　　日

駅名	営業キロ
江坂	0.0
東三国	2.0
新大阪	2.9
西中島南方	3.6
中津	5.4
梅田	6.4
淀屋橋	7.7
本町	8.6
心斎橋	9.6
なんば	10.5
大国町	11.7
動物園前	12.9
天王寺	13.9
昭和町	15.7
西田辺	17.0
長居	18.3
あびこ	19.5
北花田	21.4
新金岡	23.0
なかもず	24.5

谷町線
年　　月　　日

駅名	営業キロ
大日	0.0
守口	1.8
太子橋今市	3.0
千林大宮	4.0
関目高殿	5.1
野江内代	5.9
都島	7.2
天神橋筋六丁目	8.5
中崎町	9.3
東梅田	10.3

JR・私鉄

(左列)

駅名	営業キロ
南森町	11.5
天満橋	13.3
谷町四丁目	14.2
谷町六丁目	15.2
谷町九丁目	16.1
四天王寺前夕陽ケ丘	16.9
天王寺	17.8
阿倍野	18.4
文の里	19.5
田辺	20.5
駒川中野	21.5
平野	23.2
喜連瓜破	24.6
出戸	25.9
長原	27.1
八尾南	28.3

四つ橋線
年　　月　　日

駅名	営業キロ
西梅田	0.0
肥後橋	1.3
本町	2.2
四ツ橋	3.2
なんば	4.1
大国町	5.3
花園町	6.6
岸里	7.7
玉出	9.0
北加賀屋	10.1
住之江公園	11.8

中央線
年　　月　　日

駅名	営業キロ
コスモスクエア	0.0
大阪港	2.4
朝潮橋	3.9
弁天町	5.5
九条	6.8
阿波座	8.3
本町	9.4
堺筋本町	10.1
谷町四丁目	11.1
森ノ宮	12.4
緑橋	13.6
深江橋	14.7
高井田	16.1
長田	17.9

千日前線
年　　月　　日

駅名	営業キロ
野田阪神	0.0
玉川	0.6
阿波座	1.9
西長堀	2.9
桜川	3.8
なんば	4.9
日本橋	5.6
谷町九丁目	6.6
鶴橋	7.7
今里	9.2
新深江	10.1
小路	11.1
北巽	12.0
南巽	13.1

堺筋線
年　　月　　日

駅名	営業キロ
天神橋筋六丁目	0.0

(第2列)

駅名	営業キロ
扇町	0.7
南森町	1.3
北浜	2.1
堺筋本町	3.0
長堀橋	4.0
日本橋	4.9
恵美須町	5.9
動物園前	6.6
天下茶屋	8.1

長堀鶴見緑地線
年　　月　　日

駅名	営業キロ
大正	0.0
ドーム前千代崎	0.6
西長堀	1.6
西大橋	2.2
心斎橋	2.7
長堀橋	3.4
松屋町	4.0
谷町六丁目	4.4
玉造	5.7
森ノ宮	6.7
大阪ビジネスパーク	7.8
京橋	8.5
蒲生四丁目	10.2
今福鶴見	11.4
横堤	12.5
鶴見緑地	13.7
門真南	15.0

今里筋線
年　　月　　日

駅名	営業キロ
井高野	0.0
瑞光四丁目	0.9
だいどう豊里	1.9
太子橋今市	3.7
清水	4.9
新森古市	5.8
関目成育	7.1
蒲生四丁目	8.5
鴫野	9.4
緑橋	10.6
今里	11.9

ニュートラム（南港ポートタウン線）
年　　月　　日

駅名	営業キロ
コスモスクエア	0.0
トレードセンター前	0.6
中ふ頭	1.3
ポートタウン西	2.0
ポートタウン東	2.5
フェリーターミナル	4.0
南港東	4.8
南港口	5.4
平林	6.7
住之江公園	7.9

大阪モノレール

大阪モノレール
年　　月　　日

駅名	営業キロ
大阪空港	0.0
蛍池	1.4
柴原阪大前	3.1
少路	4.8
千里中央	6.6
山田	8.5
万博記念公園	9.9
宇野辺	12.1
南茨木	13.3
沢良宜	14.5
摂津	16.0
南摂津	17.8
大日	19.9
門真市	21.2

彩都線（国際文化公園都市モノレール線）
年　　月　　日

駅名	営業キロ
万博記念公園	0.0
公園東口	1.1
阪大病院前	2.6
豊川	4.4
彩都西	6.8

阪急電鉄

京都線
年　　月　　日

駅名	営業キロ
京都河原町	0.0
烏丸	0.9
大宮	2.0
西院	3.4
西京極	5.2
桂	7.3
洛西口	9.0
東向日	10.3
西向日	11.7
長岡天神	13.6
西山天王山	15.1
大山崎	17.6
水無瀬	19.6
上牧	20.4
高槻市	24.7
富田	28.0
総持寺	29.1
茨木市	30.5
南茨木	32.4
摂津市	34.4
正雀	35.9
相川	38.1
上新庄	39.0
淡路	41.1
崇禅寺	42.1
南方	43.4
十三	45.3
中津	46.8
大阪梅田	47.7

宝塚線
年　　月　　日

駅名	営業キロ
大阪梅田	0.0
中津	0.9
十三	2.4
三国	4.4
庄内	6.0
服部天神	7.5
曽根	8.7
岡町	9.5
豊中	10.5
蛍池	11.9
石橋阪大前	13.5
池田	15.9
川西能勢口	17.2
雲雀丘花屋敷	18.2
山本	19.7
中山観音	21.5
売布神社	22.4
清荒神	23.3
宝塚	24.5

神戸線
年　　月　　日

駅名	営業キロ
大阪梅田	0.0
中津	0.9
十三	2.4
神崎川	4.1
園田	7.2
塚口	10.2
武庫之荘	12.3
西宮北口	15.6
夙川	18.3
芦屋川	21.0
岡本	23.4
御影	25.6
六甲	27.4
王子公園	29.2
春日野道	30.7
神戸三宮	32.3

千里線
年　　月　　日

駅名	営業キロ
北千里	0.0
山田	2.0
南千里	3.4
千里山	5.0
関大前	5.8
豊津	6.7
吹田	7.6
下新庄	9.2
淡路	10.1
柴島	11.4
天神橋筋六丁目	13.6

嵐山線
年　　月　　日

駅名	営業キロ
桂	0.0
上桂	1.4
松尾大社	2.8
嵐山	4.1

箕面線
年　　月　　日

駅名	営業キロ
石橋	0.0
桜井	1.6
牧落	2.7
箕面	4.0

伊丹線
年　　月　　日

駅名	営業キロ
塚口	0.0
稲野	1.4
新伊丹	2.2
伊丹	3.1

今津線
年　　月　　日

駅名	営業キロ
今津	0.0
阪神国道	0.7
西宮北口	1.6
門戸厄神	2.9
甲東園	3.9
仁川	4.8
小林	6.5
逆瀬川	7.5
宝塚南口	8.4
宝塚	9.3

甲陽線
年　　月　　日

駅名	営業キロ
夙川	0.0
苦楽園口	0.9
甲陽園	2.2

神戸高速線
年　　月　　日

駅名	営業キロ
神戸三宮	0.0
花隈	1.3
高速神戸	2.2

阪神電気鉄道

本線
年　　月　　日

駅名	営業キロ
大阪梅田	0.0
福島	1.1
野田	2.3
淀川	3.3
姫島	4.4
千船	5.9
杭瀬	6.8
大物	8.0
尼崎	8.9
出屋敷	10.1
尼崎センタープール前	10.8
武庫川	12.0
鳴尾・武庫川女子大前	13.2
甲子園	14.1
久寿川	14.8
今津	15.4
西宮	16.7
香櫨園	17.8
打出	19.0
芦屋	20.2
深江	21.5
青木	22.6
魚崎	23.8
住吉	24.6
御影	25.1
石屋川	25.7
新在家	26.6
大石	27.6
西灘	28.2
岩屋	28.8
春日野道	29.9
神戸三宮	31.2
元町	32.1

阪神なんば線
年　　月　　日

駅名	営業キロ
大阪難波	0.0
桜川	1.1
ドーム前	1.9
九条	2.5
西九条	3.8
千鳥橋	4.6

駅名	営業キロ
伝法	5.3
福	6.8
出来島	7.8
大物	9.2
尼崎	10.1

武庫川線

年　　月　　日

駅名	営業キロ
武庫川	0.0
東鳴尾	0.7
洲先	1.1
武庫川団地前	1.7

神戸高速線

年　　月　　日

駅名	営業キロ
元町	0.0
西元町	0.8
高速神戸	1.5
新開地	2.1
大開	3.1
高速長田	4.1
西代	5.0

能勢電鉄

妙見線

年　　月　　日

駅名	営業キロ
川西能勢口	0.0
絹延橋	1.2
滝山	2.1
鶯の森	2.7
鼓滝	3.5
多田	4.2
平野	5.2
一の鳥居	6.4
畦野	7.1
山下	8.2
笹部	8.6
光風台	10.3
ときわ台	11.2
妙見口	12.2

日生線

年　　月　　日

駅名	営業キロ
山下	0.0
日生中央	2.6

山陽電気鉄道

本線

年　　月　　日

駅名	営業キロ
西代	0.0
板宿	1.0
東須磨	1.8
月見山	2.6
須磨寺	3.3
山陽須磨	3.7
須磨浦公園	5.1
山陽塩屋	6.8
滝の茶屋	7.8
東垂水	8.6
山陽垂水	9.6
霞ケ丘	10.7
舞子公園	11.5
西舞子	12.4
大蔵谷	14.3
人丸前	14.9
山陽明石	15.7
西新町	16.9
林崎松江海岸	18.4
藤江	20.4
中八木	21.8
江井ケ島	23.5
西江井ケ島	24.9
山陽魚住	25.6
東二見	27.3
西二見	28.6
播磨町	29.9
別府	32.2
浜の宮	34.1
尾上の松	35.5
高砂	37.3
荒井	38.5
伊保	39.7
山陽曽根	41.3
大塩	42.8
的形	44.2
八家	46.2
白浜の宮	47.6
妻鹿	49.0
飾磨	50.9
亀山	52.3
手柄	53.4
山陽姫路	54.7

網干線

年　　月　　日

駅名	営業キロ
飾磨	0.0
西飾磨	2.4
夢前川	3.6
広畑	4.7
山陽天満	5.6
平松	7.3
山陽網干	8.5

神戸新交通

ポートライナー

年　　月　　日

駅名	営業キロ
三宮	0.0
貿易センター	0.8
ポートターミナル	1.8
中公園	2.8
みなとじま	3.3
市民広場	3.8
医療センター	4.6
計算科学センター	5.4
神戸空港	8.2

ポートライナー
(市民広場～中埠頭～中公園)

年　　月　　日

駅名	営業キロ
市民広場	0.0
南公園	0.6
中埠頭	1.2
北埠頭	1.7
中公園	2.6

六甲ライナー

年　　月　　日

駅名	営業キロ
住吉	0.0
魚崎	1.2
南魚崎	2.0
アイランド北口	3.5
アイランドセンター	3.9
マリンパーク	4.5

六甲山観光

六甲ケーブル

年　　月　　日

駅名	営業キロ
六甲ケーブル下	0.0
六甲山上	1.7

こうべ未来都市機構

摩耶ケーブル
(まやビューライン)

年　　月　　日

駅名	営業キロ
摩耶ケーブル	0.0
虹の駅	0.9

神戸市交通局

北神線

年　　月　　日

駅名	営業キロ
谷上	0.0
新神戸	7.5

山手線

年　　月　　日

駅名	営業キロ
新神戸	0.0
三宮	1.3
県庁前	2.2
大倉山	3.3
湊川公園	4.3
上沢	5.3
長田	6.1
新長田	7.6

西神線・西神延伸線

年　　月　　日

駅名	営業キロ
新長田	0.0
板宿	1.2
妙法寺	4.1
名谷	5.7
総合運動公園	7.5
学園都市	9.2
伊川谷	10.8
西神南	12.5
西神中央	15.1

海岸線

年　　月　　日

駅名	営業キロ
新長田	0.0
駒ケ林	0.6
苅藻	1.4
御崎公園	2.2
和田岬	3.3
中央市場前	4.2
ハーバーランド	5.6
みなと元町	6.6
旧居留地・大丸前	7.4
三宮・花時計前	7.9

神戸電鉄

神戸高速線

年　　月　　日

駅名	営業キロ
新開地	0.0
湊川	0.4

有馬線

年　　月　　日

駅名	営業キロ
湊川	0.0
長田	1.9
丸山	2.6
鵯越	3.6
鈴蘭台	7.5
北鈴蘭台	9.4
山の街	10.3
箕谷	12.0
谷上	13.7
花山	15.4
大池	17.1
神鉄六甲	18.1
唐櫃台	18.9
有馬口	20.0
有馬温泉	22.5

三田線

年　　月　　日

駅名	営業キロ
有馬口	0.0
五社	1.4
岡場	3.3
田尾寺	4.9
二郎	6.4
道場南口	7.3
神鉄道場	8.5
横山	10.0
三田本町	11.0
三田	12.0

公園都市線

年　　月　　日

駅名	営業キロ
ウッディタウン中央	0.0
南ウッディタウン	1.0
フラワータウン	3.2
横山	5.5
三田本町	6.5
三田	7.5

粟生線

年　　月　　日

駅名	営業キロ
鈴蘭台	0.0
鈴蘭台西口	0.8
西鈴蘭台	1.3
藍那	3.6
木津	6.4
木幡	8.1
栄	9.6
押部谷	11.2
緑が丘	12.8
広野ゴルフ場前	13.5
志染	15.6
恵比須	17.6
三木上の丸	18.6
三木	19.3
大村	20.8
樫山	23.2
市場	23.9
小野	26.2
葉多	27.7
粟生	29.2

北条鉄道

北条線

年　　月　　日

駅名	営業キロ
粟生	0.0
網引	3.5
田原	4.6
法華口	6.1
播磨下里	8.0
長	9.8
播磨横田	11.4
北条町	13.6

智頭急行

智頭線

年　　月　　日

駅名	営業キロ
上郡	0.0
苔縄	4.8
河野原円心	7.4
久崎	12.2
佐用	17.2
平福	22.5
石井	27.1
宮本武蔵	30.6
大原	33.2
西粟倉	37.4
あわくら温泉	40.6
山郷	47.2
恋山形	50.0
智頭	56.1

若桜鉄道

若桜線

年　　月　　日

駅名	営業キロ
郡家	0.0
八頭高校前	0.9
因幡船岡	2.4
隼	4.4
安部	7.1
八東	9.8
徳丸	11.6
丹比	13.5
若桜	19.2

一畑電車

北松江線

年　　月　　日

駅名	営業キロ
電鉄出雲市	0.0
出雲科学館パークタウン前	0.8
大津町	2.0
武志	4.1
川跡	4.9
大寺	6.4
美談	7.7
旅伏	9.0
雲州平田	10.9

JR・私鉄

駅名	営業キロ
布崎	14.5
湖遊館新駅	15.2
園	15.9
一畑口	17.6
伊野灘	19.4
津ノ森	21.2
高ノ宮	22.5
松江フォーゲルパーク	23.8
秋鹿町	25.0
長江	26.7
朝日ケ丘	28.0
松江イングリッシュガーデン前	29.6
松江しんじ湖温泉	33.9

大社線

駅名	営業キロ
川跡	0.0
高浜	2.8
遙堪	4.8
浜山公園北口	6.4
出雲大社前	8.3

井原鉄道

井原線

駅名	営業キロ
総社	0.0
清音	3.4
川辺宿	6.0
吉備真備	8.2
備中呉妹	11.1
三谷	15.1
矢掛	18.2
小田	23.4
早雲の里荏原	26.8
井原	30.5
いずえ	32.3
子守唄の里高屋	34.1
御領	37.6
湯野	39.5
神辺	41.7

水島臨海鉄道

水島本線

駅名	営業キロ
倉敷市	0.0
球場前	2.0
西富井	3.6
福井	4.4
浦田	5.5
弥生	7.5
栄	8.2
常盤	8.6
水島	9.2
三菱自工前	10.4

岡山電気軌道

東山本線

駅名	営業キロ
岡山駅前	0.0
西川緑道公園	0.4
柳川	0.6

駅名	営業キロ
城下	1.0
県庁通り	1.4
西大寺町・岡山芸術創造劇場ハレノワ前	1.8
小橋	2.4
京橋	―
中納言	2.5
門田屋敷	2.8
東山・おかでんミュージアム駅	3.1

清輝橋線

駅名	営業キロ
岡山駅前	0.0
西川緑道公園	0.4
柳川	0.6
郵便局前	1.0
田町	1.2
新西大寺町筋	1.4
大雲寺前	1.6
東中央町	1.9
清輝橋	2.2

高松琴平電気鉄道

琴平線

駅名	営業キロ
高松築港	0.0
片原町	0.9
瓦町	1.7
栗林公園	2.9
三条	3.9
太田	6.2
仏生山	8.0
空港通り	9.0
一宮	10.0
円座	11.2
岡本	13.8
挿頭丘	15.0
畑田	15.8
陶	18.3
綾川	19.8
滝宮	20.7
羽床	22.8
栗熊	24.6
岡田	27.2
羽間	29.1
榎井	31.6
琴電琴平	32.9

志度線

駅名	営業キロ
瓦町	0.0
今橋	0.6
松島二丁目	1.2
沖松島	1.9
春日川	3.0
潟元	4.3
琴電屋島	5.0
古高松	5.7
八栗	6.7
六万寺	7.8
大町	8.7
八栗新道	9.3
塩屋	10.0
房前	10.6
原	11.5
琴電志度	12.5

長尾線

駅名	営業キロ
高松築港	0.0
片原町	0.9
瓦町	1.7
花園	2.6
林道	4.4
木太東口	5.1
元山	6.2
水田	7.5
西前田	8.9
高田	10.0
池戸	11.3
農学部前	12.1
平木	12.6
学園通り	13.2
白山	14.5
井戸	15.0
公文明	15.6
長尾	16.3

四国ケーブル

八栗ケーブル

駅名	営業キロ
八栗登山口	0.0
八栗山上	0.7

阿佐海岸鉄道

阿佐東線

駅名	営業キロ
阿波海南(信)	0.0
海部	1.4
宍喰	7.5
甲浦（信）	10.0

土佐くろしお鉄道

ごめん・なはり線（阿佐線）

駅名	営業キロ
後免	0.0
後免町	1.1
立田	2.9
のいち	5.7
よしかわ	8.0
あかおか	9.3
香我美	10.7
夜須	12.4
西分	16.4
和食	18.2
赤野	19.6
穴内	23.6
球場前	26.2
あき総合病院前	26.8
安芸	27.7
伊尾木	30.4
下山	34.7
唐浜	37.0
安田	38.7
田野	41.5
奈半利	42.7

中村・宿毛線（中村線）

駅名	営業キロ
窪川	0.0
若井	4.4
荷稲	13.8
伊与喜	18.1
土佐佐賀	20.8
佐賀公園	22.9
土佐白浜	24.1
有井川	27.6
土佐上川口	29.2
海の王迎	30.1
浮鞭	31.7
土佐入野	34.3
西大方	37.2
古津賀	40.9
中村	43.0

中村・宿毛線（宿毛線）

駅名	営業キロ
中村	0.0
具同	3.2
国見	6.2
有岡	11.6
工業団地	14.7
平田	15.3
東宿毛	22.2
宿毛	23.6

とさでん交通

ごめん・伊野線（後免線）

駅名	営業キロ
後免町	0.0
後免東町	0.2
後免中町	0.5
後免西町	0.7
東工業前	1.2
住吉通	1.4
篠原	1.8
小篭通	2.4
長崎	2.8
明見橋	3.1
一条橋	3.5
清和学園前	3.6
領石通	4.1
北浦	4.5
舟戸	5.0
鹿児	5.4
田辺島通	5.9
東新木	6.2
新木	6.6
介良通	7.0
文珠通	7.4
高須	7.6
県立美術館通	7.8
西高須	8.0
葛島橋東詰	8.4
知寄町三丁目	8.7
知寄町	9.1
知寄町二丁目	9.3
知寄町一丁目	9.6
宝永町	9.9
菜園場町	10.3

駅名	営業キロ
デンテツターミナルビル前	10.8
はりまや橋	10.9

ごめん・伊野線（伊野線）

駅名	営業キロ
はりまや橋	0.0
堀詰	0.3
大橋通	0.6
高知城前	0.8
県庁前	1.0
グランド通	1.3
枡形	1.5
上町一丁目	1.7
上町二丁目	1.9
上町四丁目	2.2
上町五丁目	2.4
旭町一丁目	2.8
旭駅前通	3.1
旭町三丁目	3.4
蛍橋	3.7
鏡川橋	4.2
鴨部	4.7
曙町東町	5.1
曙町	5.4
朝倉	5.6
朝倉駅前	5.8
朝倉神社前	6.3
宮の奥	6.8
咥内	7.3
宇治団地前	8.2
八代通	8.6
中山	8.9
枝川	9.2
伊野商業前	9.8
北内	9.9
北山	10.3
鳴谷	10.8
伊野駅前	11.0
伊野	11.2

駅前・桟橋線

駅名	営業キロ
高知駅前	0.0
高知橋	0.3
蓮池町通	0.5
はりまや橋	0.8
梅ノ辻	1.4
桟橋通一丁目	1.9
桟橋通二丁目	2.1
桟橋通三丁目	2.4
桟橋通四丁目	2.7
桟橋車庫前	3.0
桟橋通五丁目	3.2

伊予鉄道

高浜線

駅名	営業キロ
高浜	0.0
梅津寺	1.2
港山	2.0
三津	3.0
山西	4.0
西衣山	5.2
衣山	6.1
古町	7.6
大手町	8.5

松山市	9.4

横河原線

年　月　日

駅名	営業キロ
松山市	0.0
石手川公園	0.8
いよ立花	1.4
福音寺	2.9
北久米	3.9
久米	4.5
鷹ノ子	5.6
平井	6.9
梅本	8.2
牛渕団地前	9.0
牛渕	10.0
田窪	10.9
見奈良	11.6
愛大医学部南口	12.4
横河原	13.2

郡中線

年　月　日

駅名	営業キロ
松山市	0.0
土橋	0.7
土居田	2.2
余戸	3.5
鎌田	4.2
岡田	5.6
古泉	6.6
松前	7.9
地蔵町	8.6
新川	9.5
郡中	10.7
郡中港	11.3

市内電車(大手町線)

年　月　日

駅名	営業キロ
古町	0.0
宮田町	0.4
松山駅前	0.8
大手町	1.1
西堀端	1.4

市内電車(城南線〈西堀端ー道後温泉〉)

年　月　日

駅名	営業キロ
西堀端	0.0
南堀端	0.3
市役所前	0.7
県庁前	0.9
大街道	1.3
勝山町	1.7
警察署前	2.0
上一万	2.3
南町	2.7
道後公園	3.2
道後温泉	3.5

市内電車(城南線〈上一万ー平和通1丁目〉)

年　月　日

駅名	営業キロ
上一万	0.0
平和通一丁目	0.1

市内電車(城北線)

年　月　日

駅名	営業キロ
平和通一丁目	0.0
赤十字病院前	0.2
鉄砲町	0.5
清水町	0.9
高砂町	1.3
木屋町	1.6
本町六丁目	1.8
萱町六丁目	2.2
古町	2.7

市内電車(花園線)

年　月　日

駅名	営業キロ
松山市駅前	0.0
南堀端	0.4

市内電車(本町線)

年　月　日

駅名	営業キロ
本町六丁目	0.0
本町五丁目	0.3
本町四丁目	0.6
本町三丁目	0.9
西堀端	1.5

スカイレールサービス

スカイレール

年　月　日

駅名	営業キロ
みどり口	0.0
みどり中街	0.7
みどり中央	1.3

※2024年4月末で運行終了

広島高速交通

アストラムライン

年　月　日

駅名	営業キロ
本通	0.0
県庁前	0.3
城北	1.4
新白島	1.7
白島	2.1
牛田	2.9
不動院前	4.0
祇園新橋北	5.0
西原	6.0
中筋	7.0
古市	7.8
大町	8.4
毘沙門台	9.6
安東	10.6
上安	11.4
高取	12.0
長楽寺	12.7
伴	13.9
大原	14.9
伴中央	16.0
大塚	17.6
広域公園前	18.4

広島電鉄

本線

年　月　日

駅名	営業キロ
広島駅	0.0
猿猴橋町	0.2
的場町	0.5
稲荷町	0.8
銀山町	1.2
胡町	1.4
八丁堀	1.5
立町	1.8
紙屋町東	2.1
紙屋町西	2.1
原爆ドーム前	2.4
本川町	2.8
十日市町	3.1
土橋	3.4
小網町	3.6
天満町	4.0
観音町	4.2
西観音町	4.5
福島町	4.7
広電西広島	5.4

宮島線

年　月　日

駅名	営業キロ
広電西広島	0.0
東高須	1.0
高須	1.4
古江	2.1
草津	2.9
草津南	3.5
商工センター入口	4.2
井口	4.8
修大協創中高前	6.0
広電五日市	6.6
佐伯区役所前	7.2
楽々園	8.2
山陽女学園前	9.2
広電廿日市	9.9
廿日市市役所前	10.7
宮内	11.5
ＪＡ広島病院前	11.9
地御前	12.4
阿品東	13.9
広電阿品	14.6
宮島ボートレース場	15.9
広電宮島口	16.1

宇品線

年　月　日

駅名	営業キロ
紙屋町東	0.0
本通	0.2
袋町	0.5
中電前	0.8
市役所前	1.1
鷹野橋	1.5
日赤病院前	1.7
広電本社前	2.1
御幸橋	2.4
皆実町六丁目	2.8
広大附属学校前	3.2
県病院前	3.5
宇品二丁目	3.8
宇品三丁目	4.0
宇品四丁目	4.4
宇品五丁目	4.7
海岸通	5.0
元宇品口	5.4
広島港(宇品)	5.9

江波線

年　月　日

駅名	営業キロ
土橋	0.0
舟入町	0.6
舟入本町	1.0
舟入幸町	1.3
舟入川口町	1.7
舟入南	2.3
江波	2.6

横川線

年　月　日

駅名	営業キロ
十日市町	0.0
寺町	0.4
別院前	0.8
横川一丁目	1.2
横川駅	1.4

皆実線

年　月　日

駅名	営業キロ
的場町	0.0
段原一丁目	0.5
比治山下	0.9
比治山橋	1.4
南区役所前	1.7
皆実町二丁目	2.1
皆実町六丁目	2.5

白島線

年　月　日

駅名	営業キロ
八丁堀	0.0
女学院前	0.5
縮景園前	0.7
家庭裁判所前	1.0
白島	1.2

錦川鉄道

錦川清流線

年　月　日

駅名	営業キロ
川西	0.0
清流新岩国	3.9
守内かさ神	5.4
南河内	8.6
行波	11.2
北河内	13.9
椋野	17.7
南桑	20.8
清流みはらし	22.5
根笠	23.5
河山	27.9
柳瀬	31.0
錦町	32.7

平成筑豊鉄道

門司港レトロ観光線

年　月　日

駅名	営業キロ
九州鉄道記念館	0.0
出光美術館	0.5
ノーフォーク広場	1.4
関門海峡めかり	2.1

伊田線

年　月　日

駅名	営業キロ
直方	0.0
南直方御殿口	1.1
あかぢ	2.4
藤棚	3.6
中泉	4.3
市場	6.5
ふれあい生力	7.6
赤池	8.5
人見	9.1
金田	9.8
上金田	11.6
糒	12.8
田川市立病院	13.4
下伊田	14.5
田川伊田	16.1

田川線

年　月　日

駅名	営業キロ
田川伊田	0.0
上伊田	1.4
勾金	2.7
柿下温泉口	3.8
内田	5.6
赤	7.9
油須原	9.1
源じいの森	10.5
崎山	13.9
犀川	16.6
東犀川三四郎	18.1
新豊津	20.5
豊津	21.4
今川河童	23.3
美夜古泉	24.0
令和コスタ行橋	25.0
行橋	26.3

糸田線

年　月　日

駅名	営業キロ
金田	0.0
豊前大熊	1.5
松山	2.1
糸田	3.4
大藪	4.9
田川後藤寺	6.8

北九州高速鉄道

北九州モノレール

年　月　日

駅名	営業キロ
小倉	0.0
平和通	0.4
旦過	0.7
香春口三萩野	1.6
片野	2.4
城野	3.2
北方	4.2
競馬場前	4.9
守恒	5.7
徳力公団前	6.6
徳力嵐山口	7.3
志井	8.2
企救丘	8.8

筑豊電気鉄道

筑豊電気鉄道

駅名	営業キロ
黒崎駅前	0.0
西黒崎	0.2
熊西	0.6
萩原	1.7
穴生	2.3
森下	2.8
今池	3.7
永犬丸	4.5
三ケ森	5.0
西山	5.7
通谷	6.7
東中間	7.2
筑豊中間	7.9
希望が丘高校前	8.8
筑豊香月	10.2
楠橋	11.5
新木屋瀬	12.1
木屋瀬	12.6
遠賀野	13.9
感田	15.2
筑豊直方	16.0

皿倉山登山鉄道

帆柱ケーブル

駅名	営業キロ
皿倉山山麓	0.0
山上	1.1

ラクテンチ

別府ラクテンチケーブル

駅名	営業キロ
ラクテンチ下	0.0
ラクテンチ上	0.3

福岡市交通局

空港線

駅名	営業キロ
福岡空港	0.0
東比恵	2.1
博多	3.3
祇園	4.0
中洲川端	5.0
天神	5.8
赤坂	6.6
大濠公園	7.7
唐人町	8.5
西新	9.7
藤崎	10.8
室見	11.6
姪浜	13.1

箱崎線

駅名	営業キロ
中洲川端	0.0
呉服町	0.5
千代県庁口	1.2
馬出九大病院前	2.1
箱崎宮前	2.9
箱崎九大前	3.7
貝塚	4.7

七隈線

駅名	営業キロ
橋本	0.0
次郎丸	1.0
賀茂	1.7
野芥	2.6
梅林	3.4
福大前	4.3
七隈	4.9
金山	5.7
茶山	6.5
別府	7.5
六本松	8.3
桜坂	9.2
薬院大通	10.2
薬院	10.8
渡辺通	11.3
天神南	12.0
櫛田神社前	13.0
博多	13.6

西日本鉄道

貝塚線

駅名	営業キロ
西鉄新宮	0.0
三苫	2.0
和白	3.8
唐の原	4.8
香椎花園前	6.0
西鉄香椎	7.4
香椎宮前	8.0
西鉄千早	8.5
名島	9.6
貝塚	11.0

天神大牟田線

駅名	営業キロ
西鉄福岡(天神)	0.0
薬院	0.8
西鉄平尾	1.8
高宮	2.9
大橋	4.3
井尻	6.1
雑餉隈	8.0
桜並木	8.6
春日原	9.5
白木原	10.8
下大利	11.6
都府楼前	13.8
西鉄二日市	15.2
紫	16.1
朝倉街道	17.6
桜台	19.4
筑紫	20.8
津古	23.0
三国が丘	24.1
三沢	25.6
大保	27.0
西鉄小郡	28.7
端間	30.7
味坂	33.7
宮の陣	36.5
櫛原	37.7
西鉄久留米	38.6
花畑	39.5
聖マリア病院前	40.1
津福	41.4
安武	42.8
大善寺	45.1
三潴	46.9
犬塚	48.0
大溝	50.6
八丁牟田	52.9
蒲池	55.5
矢加部	57.3
西鉄柳川	58.4
徳益	59.7
塩塚	61.1
西鉄中島	63.5
江の浦	65.1
開	66.6
西鉄渡瀬	67.9
倉永	69.6
東甘木	70.8
西鉄銀水	72.1
新栄町	73.7
大牟田	74.8

太宰府線

駅名	営業キロ
西鉄二日市	0.0
西鉄五条	1.4
太宰府	2.4

甘木線

駅名	営業キロ
甘木	0.0
馬田	1.8
上浦	3.0
本郷	4.8
大堰	6.3
金島	8.5
大城	9.9
北野	12.5
古賀茶屋	14.0
学校前	16.2
五郎丸	17.0
宮の陣	17.9

甘木鉄道

甘木線

駅名	営業キロ
基山	0.0
立野	1.3
小郡	3.8
大板井	4.5
松崎	6.4
今隈	7.7
西太刀洗	8.4
山隈	9.6
太刀洗	10.4
高田	11.8
甘木	13.7

松浦鉄道

西九州線

駅名	営業キロ
有田	0.0
三代橋	1.7
黒川	2.8
蔵宿	3.8
西有田	4.8
大木	6.1
山谷	7.0
夫婦石	7.9
金武	9.7
川東	11.6
伊万里	13.0
東山代	16.3
里	17.5
楠久	18.6
鳴石	20.0
久原	21.7
波瀬	22.8
浦ノ崎	24.8
福島口	25.3
今福	27.5
鷹島口	28.7
前浜	32.4
調川	33.5
松浦	35.6
松浦発電所前	38.2
御厨	41.6
西木場	44.4
東田平	46.3
中田平	48.1
たびら平戸口	51.2
西田平	53.8
すえたちばな	58.2
江迎鹿町	60.0
高岩	61.4
いのつき	64.9
潜竜ケ滝	66.5
吉井	68.8
神田	70.3
清峰高校前	72.4
佐々	74.0
小浦	75.8
真申	77.7
棚方	78.3
相浦	79.7
大学	80.9
上相浦	81.7
本山	83.5
中里	84.0
皆瀬	85.5
野中	86.2
左石	87.4
泉福寺	88.4
山の田	89.5
北佐世保	90.6
中佐世保	92.6
佐世保中央	92.8
佐世保	93.8

長崎電気軌道

赤迫支線

駅名	営業キロ
赤迫	0.0
住吉	0.3

本線

駅名	営業キロ
住吉	0.0
昭和町通り	0.2
千歳町	0.3
若葉町	0.5
長崎大学	0.8
岩屋橋	1.1
浦上車庫	1.4
大橋	1.6
平和公園	2.1
原爆資料館	2.6
大学病院	2.8
浦上駅前	3.1
茂里町	3.3
銭座町	3.6
宝町	4.1
八千代町	4.5
長崎駅前	4.8
五島町	5.2
大波止	5.5
出島	5.7
新地中華街	6.1
西浜町	6.3
観光通	6.5
思案橋	6.7
崇福寺	7.0

桜町支線

駅名	営業キロ
長崎駅前	0.0
桜町	0.5
市民会館	0.9

大浦支線

駅名	営業キロ
石橋	0.0
大浦天主堂	0.3
大浦海岸通	0.5
メディカルセンター	0.7
新地中華街	1.1

蛍茶屋支線

駅名	営業キロ
西浜町	0.0
浜町アーケード	0.1
めがね橋	0.4
市民会館	0.8
諏訪神社	1.3
新大工町	1.6
新中川町	1.9
蛍茶屋	2.2

島原鉄道

島原鉄道線

駅名	営業キロ
諫早	0.0
本諫早	1.5
幸	2.9
小野	4.8
干拓の里	5.5
森山	7.5
釜ノ鼻	9.6
諫早東高校	11.4
愛野	12.4
阿母崎	14.4
吾妻	16.6
古部	19.6
大正	20.8
西郷	23.0
神代	25.5

駅名	営業キロ
多比良	29.4
有明湯江	31.8
大三東	34.1
松尾	35.2
三会	37.5
島原	40.5
霊丘公園体育館	41.5
島原船津	42.3
島原港	43.2

熊本電気鉄道

菊池線

年　　　月　　　日

駅名	営業キロ
上熊本	0.0
韓々坂	0.7
池田	1.4
打越	2.1
坪井川公園	2.6
北熊本	3.4
亀井	4.6
八景水谷	5.0
堀川	5.9
新須屋	6.9
須屋	7.4
三ツ石	8.2
黒石	9.0
熊本高専前	9.9
再春医療センター前	10.3
御代志	10.8

藤崎線

年　　　月　　　日

駅名	営業キロ
藤崎宮前	0.0
黒髪町	1.1
北熊本	2.3

熊本市交通局

熊本市電（田崎線）

年　　　月　　　日

駅名	営業キロ
田崎橋	0.0
二本木口	0.2
熊本駅前	0.5

熊本市電（幹線）

年　　　月　　　日

駅名	営業キロ
熊本駅前	0.0
祇園橋	0.5
呉服町	1.0
河原町	1.4
慶徳校前	1.8
辛島町	2.2
花畑町	2.4
熊本城・市役所前	2.8
通町筋	3.0
水道町	3.3

熊本市電（水前寺線）

年　　　月　　　日

駅名	営業キロ
水道町	0.0
九品寺交差点	0.5
交通局前	0.8
味噌天神前	1.3
新水前寺駅前	1.7

駅名	営業キロ
国府	2.0
水前寺公園	2.4

熊本市電（健軍線）

年　　　月　　　日

駅名	営業キロ
水前寺公園	0.0
市立体育館前	0.3
商業高校前	0.8
八丁馬場	1.1
神水交差点	1.5
健軍校前	2.0
動植物園入口	2.4
健軍交番前	2.7
健軍町	3.0

熊本市電（上熊本線）

年　　　月　　　日

駅名	営業キロ
上熊本	0.0
県立体育館前	0.4
本妙寺入口	0.5
杉塘	0.9
段山町	1.4
蔚山町	1.8
新町	2.2
洗馬橋	2.4
西辛島町	2.6
辛島町	2.9

南阿蘇鉄道

高森線

年　　　月　　　日

駅名	営業キロ
立野	0.0
長陽	4.7
加勢	5.7
阿蘇下田城	7.2
南阿蘇水の生まれる里白水高原	9.1
中松	10.5
阿蘇白川	13.5
南阿蘇白川水源	14.3
見晴台	16.1
高森	17.7

くま川鉄道

湯前線

年　　　月　　　日

駅名	営業キロ
人吉温泉	0.0
相良藩願成寺	1.5
川村	4.4
肥後西村	5.8
一武	9.2
木上	11.3
おかどめ幸福	13.0
あさぎり	15.0
東免田	17.4
公立病院前	18.5
多良木	19.8
東多良木	21.7
新鶴羽	23.3
湯前	24.8

肥薩おれんじ鉄道

肥薩おれんじ鉄道線

年　　　月　　　日

駅名	営業キロ
八代	0.0
肥後高田	4.8
日奈久温泉	10.1
肥後二見	13.6
上田浦	18.0
たのうら御立岬公園	22.1
肥後田浦	23.6
海浦	26.7
佐敷	29.8
湯浦	33.7
津奈木	42.4
新水俣	45.8
水俣	49.6
袋	55.4
米ノ津	61.3
出水	65.6
西出水	68.3
高尾野	72.1
野田郷	75.3
折口	80.7
阿久根	86.2
牛ノ浜	92.2
薩摩大川	95.7
西方	99.6
薩摩高城	102.3
草道	107.3
上川内	113.7
川内	116.9

鹿児島市交通局

鹿児島市電（第一期線）

年　　　月　　　日

駅名	営業キロ
鹿児島駅前	0.0
桜島桟橋通	0.2
水族館口	0.4
市役所前	0.6
朝日通	0.9
いづろ通	1.2
天文館通	1.5
高見馬場	2.0
甲東中学校前	2.3
新屋敷	2.5
武之橋	3.0

鹿児島市電（谷山線）

年　　　月　　　日

駅名	営業キロ
武之橋	0.0
二中通	0.3
荒田八幡	0.7
騎射場	1.2
鴨池	1.7
郡元	2.0
郡元（南側）	2.0
涙橋	2.4
南鹿児島駅前	2.9
二軒茶屋	3.6
宇宿一丁目	4.0
脇田	4.3
笹貫	4.9
上塩屋	5.7
谷山	6.4

鹿児島市電（第二期線）

年　　　月　　　日

駅名	営業キロ
高見馬場	0.0
加治屋町	0.3
高見橋	0.7
鹿児島中央駅前	0.9

鹿児島市電（唐湊線）

年　　　月　　　日

駅名	営業キロ
鹿児島中央駅前	0.0
都通	0.4
中洲通	0.6
市立病院前	1.0
神田（交通局前）	1.3
唐湊	1.6
工学部前	1.8
純心学園前	2.0
中郡	2.3
郡元	2.8

沖縄都市モノレール

ゆいレール（沖縄都市モノレール線）

年　　　月　　　日

駅名	営業キロ
那覇空港	0.0
赤嶺	2.0
小禄	2.8
奥武山公園	3.8
壺川	4.6
旭橋	5.4
県庁前	6.0
美栄橋	6.7
牧志	7.7
安里	8.3
おもろまち	9.0
古島	10.0
市立病院前	10.9
儀保	11.9
首里	12.9
石嶺	13.8
経塚	15.0
浦添前田	16.0
てだこ浦西	17.0

難読駅名100 私鉄 編

路線名	駅名	よみかた
道南いさりび鉄道	渡島当別	おしまとうべつ
青い森鉄道	苫米地	とまべち
IGRいわて銀河鉄道	厨川	くりやがわ
三陸鉄道南リアス線	甫嶺	ほれい
三陸鉄道南リアス線	唐丹	とうに
秋田内陸縦貫鉄道	笑内	おかしない
山形鉄道	蚕桑	こぐわ
会津鉄道	養鱒公園	ようそんこうえん
鹿島臨海鉄道大洗鹿島線	涸沼	ひぬま
野岩鉄道会津鬼怒川線	上三依塩原温泉口	かみみより しおばら おんせんぐち
わたらせ渓谷鐵道	沢入	そうり
秩父鉄道	長瀞	ながとろ
いすみ鉄道	総元	ふさもと
銚子電鉄	海鹿島	あしかじま
小湊鉄道	海士有木	あまありき
小湊鉄道	飯給	いたぶ
東葉高速鉄道	飯山満	はさま
千葉都市モノレール1号線	葭川公園	よしかわこうえん
流鉄流山線	鰭ケ崎	ひれがさき
都電荒川線	庚申塚	こうしんづか
りんかい線	東雲	しののめ
京急本線	屏風浦	びょうぶがうら
京急空港線	糀谷	こうじや
京成本線	実籾	みもみ
西武池袋線	仏子	ぶし
西武多摩川線	是政	これまさ
東武伊勢崎線	県	あがた
東武宇都宮線	壬生	みぶ
東武桐生線	治良門橋	じろえんばし
東武東上線	男衾	おぶすま
小田急小田原線	栢山	かやま
小田急江ノ島線	鵠沼海岸	くげぬまかいがん
京王京王線	百草園	もぐさえん
東急池上線	荏原中延	えばらなかのぶ
相鉄いずみ野線	南万騎が原	みなみまきがはら
箱根登山鉄道	小涌谷	こわきだに
あいの風とやま鉄道	石動	いするぎ
富山地鉄 不二越線・上滝線	岩峅寺	いわくらじ
IRいしかわ鉄道	動橋	いぶりはし
北陸鉄道浅野川線	大河端	おこばた
えちぜん鉄道 勝山永平寺線	越前開発	えちぜんかいほつ
福井鉄道	泰澄の里	たいちょうのさと
富士急行	禾生	かせい
上田電鉄	神畑	かばたけ
アルピコ交通	渕東	えんどう
樽見鉄道	日当	ひなた
伊豆急行	稲梓	いなずさ
天竜浜名湖鉄道	都筑	つづき
岳南電車	岳南江尾	がくなんえのお

路線名	駅名	よみかた
伊豆箱根駿豆線	大仁	おおひと
養老鉄道	揖斐	いび
東海交通事業城北線	味美	あじよし
名鉄三河線	上挙母	うわごろも
名鉄各務原線	苧ケ瀬	おがせ
名鉄小牧線	味鋺	あじま
名古屋市営地下鉄	新瑞橋	あらたまばし
名城線・桜通線		
名古屋市営地下鉄桜通線	高岳	たかおか
三岐鉄道北勢線	穴太	あのう
信楽高原鐵道	紫香楽宮跡	しがらきぐうし
京都市営地下鉄東西線	椥辻	なぎつじ
京都市営地下鉄東西線	太秦天神川	うずまさ てんじんがわ
嵐電嵐山線	帷子ノ辻	かたびらのつじ
嵐電嵐山線	車折神社	くるまざきじんじゃ
近鉄鳥羽線	朝熊	あさま
近鉄名古屋線	海山道	みやまど
近鉄名古屋線	長太ノ浦	なごのうら
近鉄生駒線	平群	へぐり
京阪石山坂本線	穴太	あのお
京阪京津線	御陵	みささぎ
南海多奈川線	深日町	ふけちょう
南海高野線	中百舌鳥	なかもず
泉北高速鉄道	栂・美木多	とがみきた
大阪市営地下鉄谷町線	喜連瓜破	きれうりわり
阪急千里線	柴島	くにじま
阪急箕面線	箕面	みのお
阪神本線	香櫨園	こうろえん
能勢電鉄妙見線	畦野	うねの
山陽電気鉄道本線	妻鹿	めが
神戸電鉄有馬線	鵯越	ひよどりごえ
神戸電鉄粟生線	志染	しじみ
和歌山電鐵	伊太祈曽	いだきそ
一畑電車大社線	遙堪	ようかん
井原鉄道	吉備真備	きびのまきび
広島市電1号線	銀山町	かなやまちょう
阿佐海岸鉄道	甲浦	かんのうら
高松琴平電鉄琴平線	挿頭丘	かざしがおか
伊予鉄道郡中線	余戸	ようご
平成筑豊鉄道伊田線	糒	ほしい
北九州高速鉄道	企救丘	きくがおか
西鉄天神大牟田線	雑餉隈	ざっしょのくま
西鉄天神大牟田線	三潴	みずま
筑豊電鉄	穴生	あのお
松浦鉄道	調川	つきのかわ
松浦鉄道	御厨	みくりや
島原鉄道	幸	さいわい
熊本市電B系統	杉塘	すぎども
熊本市電B系統	蔚山町	うるさんまち
熊本電鉄藤崎線	八景水谷	はけのみや
鹿児島市電2系統	唐湊	とそ
沖縄都市モノレール	奥武山公園	おうのやまこうえん

JR線乗車の総距離 ···················· total 　　　　　　　　　km

下車駅 　　　　　駅

私鉄線乗車の総距離 ···················· total 　　　　　　　　　km

下車駅 　　　　　駅

memo

私鉄

船やバスでワープの上級テク

「乗りつぶしたいけど行きづらい」を解決！

バスでワープ！

山陽本線舞子〜鳴門線鳴門

淡路島を通り大ショートカット

明石海峡大橋・大鳴門橋を渡り鳴門・徳島へ向かうルート。関西エリアから四国各市への短絡ルートとして数多く運行されている高速バスを使って効率的に回りたい。

●運行区間…**大阪・神戸〜高速舞子〜高速鳴門〜徳島駅**
●運賃………高速舞子〜高速鳴門駅3100円

高速バス利用で約5時間短縮！

鉄道で四国に渡るには瀬戸大橋経由が必須。新幹線・特急利用でも約3時間かかり大幅なワープ効果が感じられるルートだ。

① 舞子駅

② 高速舞子

舞子駅から高速舞子のバス停へは長いエスカレーターを乗り継いで向かい、徒歩5分ほど。チケット売り場・券売機や売店はない。

③ 淡路島通過

緑深くのどかな神戸淡路鳴門自動車道をひた走る。淡路島内の車窓は列車旅で味わうことのできない風景だ。

④ 鳴門公園通過

この付近で眼下に渦潮が！時間に余裕があれば鳴門公園口のバス停で下車し、遊歩道「渦の道」に寄るのも楽しい。

⑤ 鳴門駅

高速鳴門のバス停から無料スロープカー「すろっぴー」で一般道に降り、徒歩15分で到着。

境線境港〜山陰本線松江

名道路を行くルートが楽しい

「鬼太郎列車」が走る境線の終端境港駅から中海を経由し松江駅へと抜ける。

●運行区間…**境港〜JR松江駅**
●運賃………**1050円**

隠岐汽船接続バスで約1時間短縮！

「ベタ踏み坂」で知られる江島大橋や中海を突っ切る県道338号を通る水景が美しいルート。本数が極めて少ないので注意。

北陸本線金沢〜城端線福光

3セク区間もワープで飛ばす

金沢駅から城端線福光駅、城端駅を経て井波を結ぶ加能越バスの南砺〜金沢線を利用するルート。

●運行区間…**金沢駅〜福光駅〜井波**
●運賃………**870円（南砺線）**

加越能バスで約40分短縮！

県境を越える区間だが金沢との近さを感じる。城端線の終端・城端駅から白川郷に抜ける世界遺産バスもおすすめ。

おおぜきたく●横浜出身のシンガーソングライター。鉄道旅好きが高じて2012年にJR私鉄全線完乗。2024年1月マキシシングル「花火」をリリース

効率的に鈍行列車の乗りつぶしを実行するなら、特急や新幹線などを利用したショートカットプランも重要。そのなかでも船やバスを使った「ワープ」は、盲腸線からも脱出できるぜひ覚えておきたい上級ワザです。ワープ達人・オオゼキタクさんの厳選おすすめのルートをご紹介。

船 でワープ！

鹿児島本線 戸畑 ～ 筑豊本線 若松

盲腸線へ船で突入

鹿児島本線戸畑駅と盲腸線の終端、筑豊本線若松駅を結ぶルート。2駅は洞海湾によって隔てられているが、北九州市営の渡船で渡ることができる。

● 運行区間…若松～戸畑
● 運賃………100円 自転車50円

渡船利用で約20分短縮！ 時間的メリットはさほど大きくないが、海を渡る船旅は爽快そのもの。バスで若戸大橋を渡るルートもあり、こちらもおすすめだ。

実際にワープ！してみた

① 戸畑駅

② 戸畑渡場
自由通路を通り北口側へ。県道38号を5分程歩けば渡船乗り場に到着。渡場からは戸畑駅がはっきりと見える。

③ 若戸大橋
地元住民の足としても使われる渡船でいざ出航！たった3分の旅だが、洞海湾に架かる若戸大橋を仰ぎ見る絶景を堪能しよう。

④ 若松渡場
潮風に吹かれながら港を散策すれば、駅まで約15分の道程も長く感じない。

⑤ 若松駅
駅舎は2017年3月リニューアル。久岐の浜広場には9600形蒸気機関車が静態保存されている。

宇野線 宇野
～予讃・高徳線 高松

潮風に吹かれて四国アプローチを満喫

かつては四国への玄関口であった宇野線の終端・宇野駅と、四国側のターミナル高松駅の間は、かつて宇高連絡船が結んでいた。民間も含め宇高航路は2019年を最後になくなったため、現在は直島の宮浦港を経由することとなる。ワープの時間短縮効果というより、瀬戸内の船旅の風情を味わってみよう。

● 運行区間…宇野～直島（宮浦）～高松
● 運賃………820円

さらにおトクに!?
宿泊代を浮かせるフェリー

近い場所を移動するだけが「ワープ」ではない。
夜行快速が少なくなった現在、寝ながら安く移動できる編集部おすすめのフェリーをご紹介しよう。

宇和島運輸フェリー	松山・小倉フェリー	ジャンボフェリー	名門大洋フェリー
別府発着の深夜便は到着後5時台まで船内休憩ができる。但し繁忙期はNGの場合もあるので注意。	四国～九州の移動に便利な航路。大浴場がついている上、朝到着後7時まで休むことができ、手頃にのんびり旅をしたい人にもおすすめ。	夜1時に神戸を出る便もあり、乗りつぶしのための青春18きっぷと相性もいい。P94で紹介した大阪・神戸～徳島のバス等と競合するためか運賃も手頃だ。	大阪南港はOsaka Metro南港ポートタウン線のフェリーターミナル駅から徒歩5分。同区間の航路として泉大津港から出る阪九フェリーがある。
● 運行区間…八幡浜～別府 ● 運賃…4300円	● 運行区間…松山観光港～小倉（浅野） ● 運賃…10200円	● 運行区間…神戸～高松 ● 運行頻度…4往復／日 ● 運賃…2990円 （土曜休日運賃+深夜運賃）	● 運行区間…大阪南港～北九州（新門司） ● 運行頻度…2往復／日 ● 運賃…7420円

※運賃…最も安い客室のもの。季節や燃油サーチャージにより変動する場合があります。

図解スペースもばっちり、アイディアは自分次第。

鉄旅乗りつぶし日記（ログ）

自分らしいオリジナルなテーマをもとう

乗車路線・区間や下車駅、天気やその日にあったこと
などを記入してみよう。オリジナルなテーマを設定す
れば、乗りつぶしはもっと楽しくなる。何冊も書き溜
めて、経年変化を眺めるのも面白い。

●パターン1… **車両データ派**

列車番号と時刻（時刻遅れの記録）、車両位置（車両
の検査日）、座席の種類（座席番号）など
図解／乗車券、指定席券（無効印済）など
※車両鉄なら…車両の色、パンタグラフの種類、車両
編成、所属・編成番号、ドア確認など
音鉄なら…制御方式、モータ形式など

●パターン2… **鉄旅の記録派**

乗車路線・区間、時刻、車窓の変化（区間と概要）・下
車駅と特徴、すれ違った列車の車種・行先、車庫情報
など
図解／スタンプや配線図など

●パターン3… **鉄旅のロマン派**

駅の様子、気に入った車窓、新発見ネタ、駅弁、駅そ
ば、お酒、おつまみ等の飲食情報、温泉・宿泊など立
ち寄り観光スポットなど
※飲食等値段もメモしておくと、見返した時に世相
が反映されていて面白い
図解／途中駅で降りて行った先の入館券貼り付け、
食べたもののスケッチなど

●パターン4… **撮り鉄派**

車両＆車窓の撮影メモ、お気に入り撮影ポイント（地
図と連携）、景色の特徴・沿道の様子のチェック
図解／撮りたい構図、写真など

鉄旅 乗りつぶし 日記 (ログ)

早見表

	出発日	期間	路線・テーマ
1			
2			
3			
4			
5			
6			
7			
8			
9			
10			
11			
12			
13			
14			
15			

1 2 3 4 5 6 7 8 9 10 11 12 13 14 15

年　　月　　日　　曜　☀☁☂☃

線

. . . .

. . . .

. . . .

. . . .

. . . .

. . . .

. . . .

. . . .

. . . .

1 2 3 4 5 6 7 8 9 10 11 12 13 14 15

年　　月　　日　　曜　☀☁☂☃

線

. . . .

. . . .

. . . .

. . . .

. . . .

. . . .

. . . .

. . . .

. . . .

年　　月　　日　　曜　☼ ◯ ☂ ☁ ☃

線

年　　月　　日　　曜　☼ ◯ ☂ ☁ ☃

線

年　月　日　曜 ☀☁☂☃

線

年　月　日　曜 ☀☁☂☃

線

① ② ③ ④ ⑤ ⑥ ⑦ ⑧ ⑨ ⑩ ⑪ ⑫ ⑬ ⑭ ⑮

年　　月　　日　　曜　☀☁☂☁⛄

線

① ② ③ ④ ⑤ ⑥ ⑦ ⑧ ⑨ ⑩ ⑪ ⑫ ⑬ ⑭ ⑮

年　　月　　日　　曜　☀☁☂☁⛄

線

年　　　月　　　日　　　曜　☀ ○ ☂ ☁ ☃

線

年　　　月　　　日　　　曜　☀ ○ ☂ ☁ ☃

線

① ② ③ ④ ⑤ ⑥ ⑦ ⑧ ⑨ ⑩ ⑪ ⑫ ⑬ ⑭ ⑮

年　　月　　日　　曜 ☀☁☂☁⛄

線

---

① ② ③ ④ ⑤ ⑥ ⑦ ⑧ ⑨ ⑩ ⑪ ⑫ ⑬ ⑭ ⑮

年　　月　　日　　曜 ☀☁☂☁⛄

線

年　　月　　日　　曜　☀☁☂☃☂

線

年　　月　　日　　曜　☀☁☂☃☂

線

年　　月　　日　　曜　☀☁☂☃

線

年　　月　　日　　曜　☀☁☂☃

線

① ② ③ ④ ⑤ ⑥ ⑦ ⑧ ⑨ ⑩ ⑪ ⑫ ⑬ ⑭ ⑮

年　　月　　日　　曜　☀☁☂☃

　　　　　線

....

....

....

....

....

....

....

....

....

① ② ③ ④ ⑤ ⑥ ⑦ ⑧ ⑨ ⑩ ⑪ ⑫ ⑬ ⑭ ⑮

年　　月　　日　　曜　☀☁☂☃

　　　　　線

....

....

....

....

....

....

....

....

....

年　　月　　日　　曜　☀ ☁ ☂ ⛅ ⛄

線

年　　月　　日　　曜　☀ ☁ ☂ ⛅ ⛄

線

　年　　月　　日　　曜　☀ ☁ ☂ ☃ ⛄

線

　年　　月　　日　　曜　☀ ☁ ☂ ☃ ⛄

線

① ② ③ ④ ⑤ ⑥ ⑦ ⑧ ⑨ ⑩ ⑪ ⑫ ⑬ ⑭ ⑮

年　　月　　日　　曜　☼ ◯ ☂ ☁ ☃

線

━━━━━━━━━━━━━━━━━━━━━━━━━━━━━

① ② ③ ④ ⑤ ⑥ ⑦ ⑧ ⑨ ⑩ ⑪ ⑫ ⑬ ⑭ ⑮

年　　月　　日　　曜　☼ ◯ ☂ ☁ ☃

線

① ② ③ ④ ⑤ ⑥ ⑦ ⑧ ⑨ ⑩ ⑪ ⑫ ⑬ ⑭ ⑮

年　　月　　日　　曜　☼ ☁ ☂ ☃ ☺

線

① ② ③ ④ ⑤ ⑥ ⑦ ⑧ ⑨ ⑩ ⑪ ⑫ ⑬ ⑭ ⑮

年　　月　　日　　曜　☼ ☁ ☂ ☃ ☺

線

年　　月　　日　　曜　☀☁☂☃⛄

線

① ② ③ ④ ⑤ ⑥ ⑦ ⑧ ⑨ ⑩ ⑪ ⑫ ⑬ ⑭ ⑮

年　　月　　日　　曜　☀☁☂☃⛄

線

① ② ③ ④ ⑤ ⑥ ⑦ ⑧ ⑨ ⑩ ⑪ ⑫ ⑬ ⑭ ⑮

年　月　日　曜　☀☁☂☃

線

① ② ③ ④ ⑤ ⑥ ⑦ ⑧ ⑨ ⑩ ⑪ ⑫ ⑬ ⑭ ⑮

年　月　日　曜　☀☁☂☃

線

①②③④⑤⑥⑦⑧⑨⑩⑪⑫⑬⑭⑮

　年　月　日　曜　☀☁☂☁☃

線

①②③④⑤⑥⑦⑧⑨⑩⑪⑫⑬⑭⑮

　年　月　日　曜　☀☁☂☁☃

線

年　　月　　日　　曜　☀ ☁ ☂ ☃ ☾

線

年　　月　　日　　曜　☀ ☁ ☂ ☃ ☾

線

① ② ③ ④ ⑤ ⑥ ⑦ ⑧ ⑨ ⑩ ⑪ ⑫ ⑬ ⑭ ⑮

年　　月　　日　　曜　☀ ☁ ☂ ⛄ ☃

線

---

① ② ③ ④ ⑤ ⑥ ⑦ ⑧ ⑨ ⑩ ⑪ ⑫ ⑬ ⑭ ⑮

年　　月　　日　　曜　☀ ☁ ☂ ⛄ ☃

線

1 2 3 4 5 6 7 8 9 10 11 12 13 14 15

年　　月　　日　　曜　☀☁☂☃☂

線

1 2 3 4 5 6 7 8 9 10 11 12 13 14 15

年　　月　　日　　曜　☀☁☂☃☂

線

年　　月　　日　　曜　☀ ◯ ☂ ☁ ☃

線

- -

- -

- -

- -

- -

- -

- -

- -

年　　月　　日　　曜　☀ ◯ ☂ ☁ ☃

線

- -

- -

- -

- -

- -

- -

- -

- -

① ② ③ ④ ⑤ ⑥ ⑦ ⑧ ⑨ ⑩ ⑪ ⑫ ⑬ ⑭ ⑮

年　　月　　日　　曜　☀ ☁ ☂ ☃ ☔

線

① ② ③ ④ ⑤ ⑥ ⑦ ⑧ ⑨ ⑩ ⑪ ⑫ ⑬ ⑭ ⑮

年　　月　　日　　曜　☀ ☁ ☂ ☃ ☔

線

① ② ③ ④ ⑤ ⑥ ⑦ ⑧ ⑨ ⑩ ⑪ ⑫ ⑬ ⑭ ⑮

年　　月　　日　　曜　☀ ☁ ☂ ☃

線

---

① ② ③ ④ ⑤ ⑥ ⑦ ⑧ ⑨ ⑩ ⑪ ⑫ ⑬ ⑭ ⑮

年　　月　　日　　曜　☀ ☁ ☂ ☃

線

1 2 3 4 5 6 7 8 9 10 11 12 13 14 15

年　月　日　曜　☀☁☂☃

線

---

1 2 3 4 5 6 7 8 9 10 11 12 13 14 15

年　月　日　曜　☀☁☂☃

線

年　　月　　日　　曜　☀ ☁ ☂ ⛄ ☃

線

年　　月　　日　　曜　☀ ☁ ☂ ⛄ ☃

線

鉄道の知っておきたい基礎知識

長い血管を流れる血流のように、規則正しく日本列島をめぐる鉄道網。列車が架線から電力を得てレールを走り、橋梁を渡り、駅に停まる。そんな日常に溶け込む風景もまた重要な役割を果たしているのだ。

❶ 鉄道の種類について

一般的に「鉄道」と聞くと、2本のレールの上を車両が走るシステムのことを思い浮かべるだろう。JRなどがその例だ。だが、準拠する法規によって、「鉄道」と「軌道」に大きく分けることができる。そのうちの「鉄道」とは、「鉄道事業法」という法規によっており、「軌道」とは、軌道法に準拠している。

「軌道」は原則として道路に設けられるもので、その代表例が路面電車。車と同じ道路を走る姿は、今では大都市では少なくなったが、かつては東京都電や大阪市電など、庶民の足として大いに活躍していた。また、江ノ島電鉄は、明治43年（1910）に藤沢〜鎌倉間が全通した路線だが、当初は「軌道」だった。昭和19年（1944）に「鉄道」へ変更しているのだが、現在でも一部の区間では道路上を車とともに走っている。

このように、途中で変更している路線もあれば、現在も「軌道」のままで、普通の鉄道と変わらない大型の車両が走るという路線もある。都市道路と一体に整備された大阪市交通局の地下鉄などがそうだ。また、ゆりかもめや神戸新交通などの新交通システムも、陸地の上は「軌道」で、港湾・海上部分は「鉄道」と分類される混合型もある。そうした事情もあり、一見しただけでは「鉄道」なのか「軌道」なのか分からない路線も多い。

鉄道 鉄道事業法に準拠している	普通鉄道	モノレール	ガイドウェイ	ケーブルカー	トロリーバス
	全国津々浦々、2本のレールの上を走る一般的な鉄道。原則、道路上にレールを設けない。	跨座式（こざしき）…1本（モノ）のレールの上を走るからモノレール。なかでもレールを跨（また）ぐタイプの「跨座式」は、東京モノレールと舞浜リゾートラインの2社のみ 懸垂式（けんすいしき）…ぶら下がるタイプは、「懸垂式」と呼ばれる。上野動物園内を走る東京都交通局上野懸垂線と湘南モノレールの2つのみ	（案内軌条（きじょう）式）道路のような道を、道の中央または端にあるガイド（案内軌条）に誘導され、ゴムタイヤで走る。	鋼索（ケーブル）を使って上り下りする。鋼索（こうさく）鉄道とも呼ばれる。	無軌条電車。バスのようだが、電気を取り入れるポールが屋根に付いている。立山黒部アルペンルートに1つだけある。

軌道（きどう） 軌道法に準拠している	軌道	モノレール	ガイドウェイ	浮上式
	原則として道路上に設けられる路面電車などがこれにあたる。	跨座式（こざしき）…「軌道」に分類されるモノレール。跨（また）がり式は北九州モノレールなど4社 懸垂式（けんすいしき）…「軌道」の仲間のぶら下がり式モノレール。千葉都市モノレールと広島のスカイレールサービスの2社のみ	（案内軌条式）全線が軌道に分類されるもののほか、新橋〜豊洲間を結ぶゆりかもめや神戸新交通など、鉄道と軌道が混在している路線もある	磁気の反発力と吸引力で浮上して走る。前に進む力にも磁気の力を使っている（リニアインダクションモーター）。愛知高速交通の「リニモ」のみ

❷ 車両のタイプについて

鉄道車両を機能別に区分してみると、「機関車」「旅客車」「貨物車」の3つに分けられる。さらには、ドクターイエローのような「事業用車」も挙げられる。

機関車は、動力を持たない客車や貨車などを牽（ひ）いたり推（お）したりする。また、その動力の違いによって「蒸気機関車」「電気機関車」「ディーゼル機関車」の3つに分類できる。なお、ディーゼル機関車の中には、エンジンで発電機を回して電気を起こし、その電気でモーターを回して走る「電気式ディーゼル機関車」というタイプもある。さらに近年ではHD300形など、蓄電池とディーゼル機関を併せ持つ「ハイブリッド機関車」も登場している。

一方、旅客車は動力の違いによって、現在では4つに分けられる。まったく動力を持たない「客車」、電気でモーターを回して進む「電車」、軽油などの燃料でエンジンを動かして進む「気動車」、そして近年進化を遂げている「ハイブリッド車」だ。電車はさらに電源の方式によって、「直流形」「交流形」と、その両方を走行できる「交直流形」の3つがある。

ハイブリッド車とは世界で初めてJR小海（こうみ）線で営業運転を開始したキハE200形などのことで、ディーゼル機関や蓄電池からの電力をもとにモーターで車輪を回すシステムをもつ。

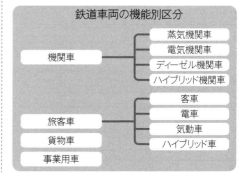

鉄道車両の機能別区分

機関車	蒸気機関車
	電気機関車
	ディーゼル機関車
	ハイブリッド機関車
旅客車	客車
	電車
	気動車
	ハイブリッド車
貨物車	
事業用車	

③ 電車のしくみ

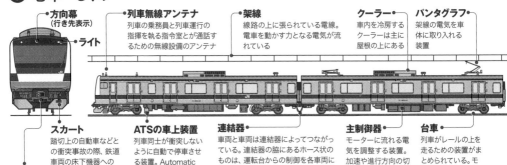

方向幕
（行き先表示）

ライト

列車無線アンテナ
列車の乗務員と列車運行の指揮を執る指令室とが通話するための無線設備のアンテナ

架線
線路の上に張られている電線。電車を動かす力となる電気が流れている

クーラー
車内を冷房するクーラーは主に屋根の上にある

パンタグラフ
架線の電気を車体に取り入れる装置

スカート
踏切上の自動車などとの衝突事故の際、鉄道車両の床下機器への損傷を防ぐためのもの

連結器

ATSの車上装置
列車同士が衝突しないように自動で停車させる装置。Automatic Train Stopの略称

連結器
車両と車両は連結器によってつながっている。連結器の脇にあるホース状のものは、運転台からの制御を各車両に伝えるためのケーブルなどが入っている

主制御器
モーターに流れる電気を調整する装置。加速や進行方向の切り替えを制御する

台車
列車がレールの上を走るための装置がまとめられている。モーターもここにある

④ 車両の形式記号・番号の見方

　山手線などJRの電車の側面に、「モハ」「クハ」といった記号が書かれているのを目にしたことはないだろうか？　実はこれらは車両の形式や種類を表している。

　下の表のように、記号や数字は車両の形式や番台区分、製造番号を示しており、電車のほか客車や気動車などひとつひとつの車両に付けられている。例えば「クハE233-48」とは、運転台がある普通車であり、通勤・近郊形の直流形電車で、0番代の48番目となった車両、ということを表している。

JR電車・気動車

JR電車・気動車の形式記号

例）**モハE233 - 1004**
❶❷❸❹❺❻ ❼

❶ 車種

電車	ク	運転台のある制御車
	モ	モーターのついた中間電動車
	クモ	運転台とモーターのついた制御電動車
	サ	運転台もモーターもない付随車
気動車	キ	エンジンのついた車両
	キサ	エンジンのない車両、気動付随車
	キク	エンジンがなく運転台のある車両、気動制御車

❸ 会社を示す記号（JR東日本）

❹ 電気の種類（電車）、エンジンの種類（気動車）

電車	1～3	直流用
	4～6	交直流用
	7・8	交流用
	9	試作用
気動車	なし・1・2	ディーゼル車
	3	ガスタービン車

❺ 用途

電車	0～3	通勤形・近郊形
	5～8	急行形・特急形
	4・9	試作車・事業用車
気動車（国鉄型）	0	客車改造気動車など
	1～4	小出力エンジンを1台積んでいる
	5	小出力エンジンを2台積んでいる
	6、7	大出力エンジンを積んでいる
	8	特急形
	9	試作車

※JR化後は各社により異なる

❻ 区別

気動車・国鉄型	0～4	両運転台車
	5～9	片運転台車・運転台なしの車両

❼ 製造番号、番台区分

❷ 車両の設備、種別

イ	旧制度での1等車（現在はクルーズトレイン車両にも使用）		
ロ	グリーン車		
ハ	普通車	ヤ	事業用車
ネ	寝台車	ル	配給車
シ	食堂車	ラ	クルーズトレインラウンジ車
ユ	郵便車	テ	展望車
ニ	荷物車	※複数使用の場合あり	

JR客車

JR客車の形式記号

例）**スハフ12　155**
❶❷ ❸❹ ❺

❶ 車両重量

コ	22.5t未満
ホ	22.5t以上27.5t未満
ナ	27.5t以上32.5t未満
オ	32.5t以上37.5t未満
ス	37.5t以上42.5t未満
マ	42.5t以上47.5t未満
カ	47.5t以上

❷ 車両の設備、種別

電車・気動車と同じ ※フ…車掌室・ブレーキのある車両

❸ 車種

1	分散電源方式車両（特急形・急行形）
2	集中電源方式車両（特急形）
3	旧形客車・事業用車
4	旧形客車
5	一般形客車・事業用車
7	「ななつ星in九州」客車

❹ 区別

❺ 製造番号、番台区分

新幹線

例) **723 - 57**
　　❶❷❸　❹

❶ 車両形式

なし	0 系
1	100 系
2	200 系
3	300 系
4	400 系
5	500 系
7	700 系・N700 系
8	800 系
E1	E1 系
E2	E2 系
E3	E3 系
E4	E4 系
E5	E5 系
E6	E6 系
E7	E7 系
H5	H5 系
W7	W7 系
9・E9	事業用車

❷ 車両の設備、種別

1	グリーン車、グランクラス
2	普通車
3	食堂車、ビュフェがある車両
4	2 階建グリーン・普通合造車
5	2 階建普通車
6	グリーン・普通合造車（N700 系）
7	グリーン車（N700 系）
8	普通車（N700 系）

❸ 車種

1・2	制御電動車
3・4	制御車
5〜7	中間電動車
8	付随車、中間電動車（500 系、N700 系 S・R編成）
9	付随車

❹ 製造番号、番台区分

貨車

例) **コキ100 - 1**
　　❶❷　❸　　❹

❶ 構造用途記号

ワ	有がい車	中に荷物を入れる箱状の車
ト	無がい車	覆いのない車
タ	タンク車	液体や粉粒体を入れるタンク車
チ	長物車	レールなど長いものを運ぶ車
コ	コンテナ車	コンテナを載せて運ぶ車
ホ	ホッパ車	砂利などを運び、下から落とす構造の車
シ	大物車	変圧器など重量物を運ぶ車

❷ 荷重記号

記号なし	13t 以下
ム	14〜16t
ラ	17〜19t
サ	20〜24t
キ	25t 以上

❸ 形式番号

❹ 製造番号

JR機関車

例) **EF210 - 105**
　　❶❷❸ ❹❺　　❻

※SL は形式改定以前の車両は数字のみで表現される

❶ 動力方式

なし	蒸気
A	蓄電池
E	電気
D	ディーゼル
H	ハイブリッド

❷ 動軸の数

B	2
C	3
D	4
E	5
F	6
H	8

❸ 電気・エンジン・ハイブリッド方式の種類（JR 型）

			使用電動機
電気機関車	1	直流形	直流電動機
	2		交流電動機
	3		その他
	4	交直両用	直流電動機
	5		交流電動機
	6		その他
	7	交流形	直流電動機
	8		交流電動機
	9		その他

			使用電動機
ディーゼル機関車	1	電気式	直流電動機
	2		交流電動機
	3		その他
	5〜7	液体式	―

			使用電動機
ハイブリッド機関車	1	シリーズ方式	直流電動機
	2		誘導電動機
	3		同期電動機
	4		その他
	5	パラレル方式	直流電動機
	6		誘導電動機
	7		同期電動機
	8〜9		その他

❹ 最高速度・電気の種類（国鉄型）、区別（JR 型）、構造（SL）

			最高速度
電気機関車（国鉄型）	1・2	直流形	85km/h 以下
	3	交直両用	〃
	4	交流形	〃
	5・6	直流形	85km/h 以上
	7	交流形	〃
	8	交直両用	〃
	9	試作車	―

		最高速度
国鉄型 機関車 ディーゼル	1〜4	85km/h 以下
	5〜8	85km/h 以上
	9	試作車

SL	1・2	タンク式（機関車本体に石炭と水を積める車両）
	5・6	テンダー式（石炭と水を積む車両を別に連結）

❺ 区別（国鉄型・SL）

❻ 製造番号、番台区分

私鉄のお得きっぷ1日券リスト

乗りつぶしを目指すなら、少しでもリーズナブルに効率よく回りたい。そこで、全国各地で発売されている私鉄の使いやすくてお得なフリーきっぷの1日券をご紹介。JRのお得きっぷはJTBの時刻表でぜひチェックして！

※データは2023年12月31日現在のものです。また、休み期間の表示はスペースの関係上、年末年始、夏休み等を省いています。情報は変わる可能性もありますので、必ずご確認のうえ、お出かけください。　※備考欄の☆は沿線施設の割引優待のあるお得きっぷになります。

	事業者名	きっぷ名	価格	内容	
北海道	札幌市交通局	地下鉄専用1日乗車券	830円	平日用、土休日はドニチカキップ520円	
	函館市企業局交通部<函館市電>	市電一日乗車券	600円	函館バスが乗れるタイプもあり	☆
東北	弘南鉄道	大黒様きっぷ	1,000円	大鰐線と弘南線が利用可能	
	青い森鉄道	青い森ホリデーフリーきっぷ	2,100円	土休日と一部期間のみ	☆
	IGRいわて銀河鉄道	IGRホリデーフリーきっぷ	3,000円	土休日のみ	☆
	三陸鉄道	三陸鉄道1日フリー乗車券 (盛〜釜石間)　　　　　　　　　　(釜石〜宮古間)　　　　　　　　　　(宮古〜久慈間)	1,500円2,400円2,600円	土休日と一部期間のみ	
	由利高原鉄道	楽楽遊遊乗車券	1,100円	土休日と一部期間のみ	
	山形鉄道	土・休日フリー切符	1,000円	平日は親子利用のきっぷあり	
	仙台市交通局	地下鉄1日乗車券	840円	平日用、土・休日620円	☆
	阿武隈急行・福島交通	飯坂温泉日帰りきっぷ	1,500円	阿武隈急行線と福島交通飯坂線で利用可能、飯坂温泉入浴券付	☆
	会津鉄道	会津・日光フリーきっぷ(南会津エリア)	4,190円	湯野上温泉〜東武日光間の会津鉄道・野岩鉄道・東武鉄道線で2日間利用可	
関東	ひたちなか海浜鉄道	湊線1日フリーきっぷ	1,000円	ひたちなか海浜公園入園券付1,100円	
	関東鉄道	1日フリーきっぷ	2,000円	常総線で利用可能 (土休日のみ)	
	関東鉄道真岡鐵道	常総線・真岡鐵道線共通一日自由きっぷ	2,300円	土休日と一部期間のみ、常総線と真岡鐵道線下館〜益子間で利用可能	
	わたらせ渓谷鐵道	一日フリーきっぷ	1,880円		☆
	上毛電気鉄道	赤城南麓1日フリーきっぷ	1,300円		
	上信電鉄	1日全線フリー乗車券	2,260円		
	秩父鉄道	秩父路遊々フリーきっぷ	1,500円	土休日と一部期間のみ	☆
	埼玉高速鉄道	SR一日乗車券	580円	土休日のみ	
	埼玉新都市交通	ニューシャトル1日フリー乗車券	720円		
	小湊鐵道	1日フリー乗車券	2,000円		
	いすみ鉄道	いすみ鉄道1日フリー乗車券	1,500円	土休日用 (平日用は1,200円)	
	千葉都市モノレール	ホリデーフリーきっぷ	630円	土休日のみ。平日はお昼のおでかけフリーきっぷ(10〜18時)がある	☆
	流鉄	一日フリー乗車券	500円		
	山万	1日乗車券	500円		
	舞浜リゾートライン<ディズニーリゾートライン>	フリーきっぷ	660円		
	東急電鉄	東急ワンデーパス	780円		
	京王電鉄	京王線・井の頭線1日乗車券	1,000円		
	東京メトロ	東京メトロ24時間券	600円	24時間以内なら日を跨いでも有効	☆
	東京都交通局	都営まるごときっぷ	700円	都営交通 (地下鉄・都電・バス・日暮里・舎人ライナー) で利用可能	☆
	東京臨海高速鉄道<りんかい線>	りんかい線1日乗車券	730円		☆
	ゆりかもめ	一日乗車券	820円		

	事業者名	きっぷ名	価格	内容	
関東	東京モノレール	東京モノレール沿線お散歩1dayパス	700円	土休日と一部期間のみ	
	多摩モノレール	一日乗車券	890円		
	横浜高速鉄道 <みなとみらい線>	みなとみらい線一日乗車券	460円		☆
	横浜市交通局	地下鉄一日乗車券	740円		
	横浜シーサイドライン	1日乗車券	680円		
	湘南モノレール	1日フリーきっぷ	610円		☆
	江ノ島電鉄	のりおりくん	800円		☆
	伊豆箱根鉄道<大雄山線>	金太郎きっぷ	560円		
	伊豆箱根鉄道<駿豆線>	旅助け	1,100円		
	箱根登山鉄道	箱根登山電車1日乗車券 「のんびりきっぷ」	1,580円	箱根登山ケーブルカーは利用不可	☆
	伊豆急行	伊豆満喫フリーきっぷ	2,000円	期間限定	
信越	しなの鉄道	北しなの線フリーきっぷ	1,220円	北しなの線で利用可能	
	しなの鉄道	軽井沢フリーパス	2,500円	2日用3,600円	
	上田電鉄	1日まるまるフリーきっぷ	1,180円		
	長野電鉄	長電フリー乗車券	2,070円	2日用2,580円	
	アルピコ交通	上高地線電車わくわく一日フリー乗車券	1,420円		
	岳南電車	全線1日フリー乗車券	750円		
東海	静岡鉄道	電車・バス1日フリー乗車券	1,400円	静鉄電車と静岡・清水地区を拠点とした片道600円区間の路線バスが乗り降り自由	
	天竜浜名湖鉄道	1日フリーきっぷ	1,750円		☆
	遠州鉄道	あかでん1日フリーきっぷ	1,000円	遠鉄バス全線も利用可能な「遠鉄ぶらりきっぷ(1,570円)も発売中	
	豊橋鉄道	渥美線カラフルトレイン1日フリー乗車券	1,100円	渥美線が1日乗り降り自由	
	豊橋鉄道	市内線1日フリー乗車券	500円	豊橋市内線が1日乗り降り自由	
	名古屋鉄道	まる乗り1DAYフリーきっぷ	3,200円	名鉄電車全線が乗り降り自由。10～16時は特別車も乗車可能(座席指定不可)	☆
	名古屋市交通局	バス・地下鉄全線一日乗車券	870円	土休日と毎月8日は「ドニチエコきっぷ(620円)」として発売	☆
	明知鉄道	1日フリー切符	1,380円		
	樽見鉄道	1日フリー乗車券	1,600円		
	養老鉄道	養老鉄道 1日フリーきっぷ	1,500円		
	三岐鉄道	三岐鉄道1日乗り放題パス	1,200円		
	伊賀鉄道	伊賀鉄道一日フリー乗車券	740円		
北陸	富山地方鉄道	鉄道線・市内電車1日フリーきっぷ(夏・冬)	夏用2,600円 冬用2,100円	鉄道線・市内電車全線で利用可能。特急自由席もOK	
	あいの風とやま鉄道 IRいしかわ鉄道	あいの風・IR1日フリーきっぷ	2,000円	土休日と一部期間のみ	
	のと鉄道	つこうてくだしフリーきっぷ	1,000円	土休日のみ	☆
	北陸鉄道	鉄道全線1日フリー乗車券	1,100円		
	万葉線	万葉線一日フリーきっぷ	900円		
	えちぜん鉄道 福井鉄道	福井鉄道・えちぜん鉄道共通1日フリーきっぷ	1,400円	両線単独のフリーきっぷは土休日と一部期間のみ	
近畿	近江鉄道	1デイ・スマイル・チケット	900円	金曜と土休日のみ	☆
	信楽高原鐵道 近江鉄道	びわこ京阪奈線フリーきっぷ	1,050円	土休日のみ	
	和歌山電鐵	和歌山電鐵貴志川線1日乗車券	800円		☆
	阪堺電気鉄道	全線1日フリー乗車券 てくてくきっぷ	600円		
	京福電気鉄道<嵐電>	嵐電1日フリーきっぷ	700円		☆